GEHEIMNIS EHELICHER LIEBE

HUMANAE VITAE – 40 JAHRE DANACH

ENZYKLIKA HUMANAE VITAE
CHRONOLOGIE ZUR FRAGE HUMANAE VITAE
EINHEIT VON LIEBE UND FRUCHTBARKEIT
ÜBERRASCHENDE BEGLEITERSCHEINUNGEN
ZEUGNISSE

CHRISTOPH CASETTI / MARIA PRÜGL

EIGENTÜMER UND HERAUSGEBER:

Referat für Ehe und Familie
ERZDIÖZESE SALZBURG
5020 Salzburg, Dreifaltigkeitsgasse 12
E-Mail: ehe@familie.kirchen.net
www.familie.kirchen.net
Fax: ++(0)662/87 54 494

FÜR DEN INHALT VERANTWORTLICH:
Lic. Christoph Casetti
Lic. Maria Prügl

GRAFIK:
Günther Oberngruber, b17-Medien

TITELBILD:
fotolia.com
FOTOS (alle Bildquellen siehe Anhang)

DRUCK:
Laber Druck, 5110 Oberndorf

ISBN 978-3-902336-98-9

INHALT

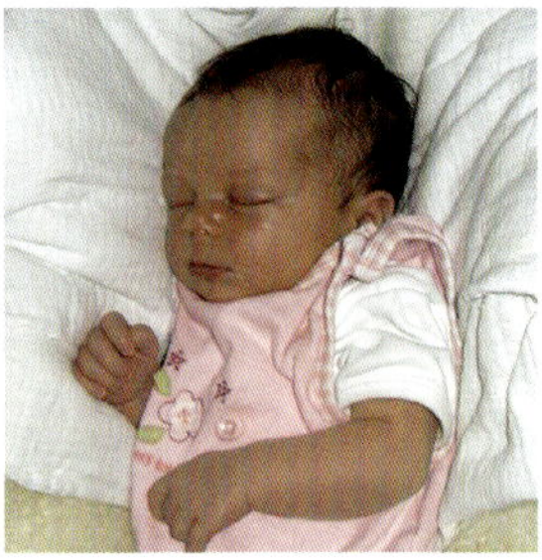

Einführung

Vor 40 Jahren, am 25. Juli 1968, hat Papst Paul VI. die Enzyklika HUMANAE VITAE veröffentlicht. Diesen Jahrestag nehmen wir zum Anlass, das Dokument in einer neuen Ausgabe vorzustellen. Wir sind nämlich der Auffassung, dass dieses Schreiben nichts von seiner Aktualität verloren hat und es verdient, dass wir neu und vertieft über seine Anliegen nachdenken.

Wir erinnern uns: Das Erscheinen dieses päpstlichen Schreibens „über die rechte Ordnung der Weitergabe des menschlichen Lebens" hat nicht nur Zustimmung gefunden. Es hat innerhalb und außerhalb der katholischen Kirche auch großen Widerspruch ausgelöst, ja zur wohl größten Autoritätskrise aller Zeiten in der Kirche geführt.

Abwägende Stellungnahmen mancher Bischofskonferenzen haben zum Ergebnis, dass die Theologen sich kaum noch mit dieser Enzyklika beschäftigen und die Gläubigen beim Thema der verantworteten Elternschaft ihrem mehr oder weniger gebildeten Gewissen folgen.

In Humanae vitae (S. 27 ff.) geht es um mehr als ein NEIN zur Empfängnisverhütung und ein JA zur natürlichen Empfängnisregelung. Es geht um das Geheimnis der ehelichen Liebe. Wie kann die Sexualität in die Lebens- und Liebesgemeinschaft der Ehe integriert werden? Wie ist die Einheit zwischen ehelicher Liebe und der Weitergabe des Lebens zu verstehen und zu leben? Wie können Ehe und Familie im christlichen Sinn gelingen? Die Enzyklika enthält wertvolle Elemente zur Beantwortung dieser Fragen.

Wir ergänzen das päpstliche Schreiben mit Texten, welche das Verständnis erleichtern und vertiefen können. Wir beginnen mit einer Ansprache von Papst Benedikt XVI., welche die Aktualität von Humanae vitae erneut unterstreicht (S. 7 ff.). Die Einführung in die Enzyklika will eine Lesehilfe sein, um den folgenden Originaltext besser zu verstehen (S. 27 ff.). Interessante Zusammenhänge zur Fragestellung von Humanae vitae zeigt die „Kleine Chronologie" auf, welche den Zeitraum von 1842–2008 umfasst (S. 49 ff.). In der Ethik unterscheidet man Normen und deren Begründungen. Auch wenn Normen eine bleibende Gültigkeit haben, bleiben bessere Begründungen immer möglich. Papst Johannes Paul II. hat einen kaum zu unterschätzenden Beitrag zur Vertiefung der Lehre von Humanae vitae geleistet. Stellvertretend für zahlreiche Texte zum Thema haben wir seine Ansprache an die Moraltheologen anlässlich des 20-jährigen Jubiläums von Humanae vitae in diese Schrift aufgenommen (S. 77 ff.).

Der Königsweg der verantworteten Elternschaft ist die Beachtung der fruchtbaren und unfruchtbaren

Phasen des weiblichen Zyklus. Die folgenden Kapitel dieses Buches zeigen auf, dass und wie die Lehre der Enzyklika lebbar ist. Wir stellen zwei verbreitete und bewährte Methoden der Selbstbeobachtung vor: die Sympto-thermale Methode nach Rötzer und die Ovulationsmethode nach Billings (S. 85 ff.). Es zeigt sich, dass natürliche Empfängnisregelung nicht einfach eine Methode, sondern eine Lebenshaltung ist. Sie ist eine Lebensweise mit vielen positiven Begleiterscheinungen (S. 95 ff.). Für die verantwortete Elternschaft im Sinne der Kirche gibt es wirklich gute Gründe (S. 107 ff.).

Kostbar sind die Zeugnisse. Sie zeigen unterschiedliche Wege zur Lehre der Kirche (S. 121 ff.). Vor allem aber zeigen sie, dass diese Lehre lebbar ist und glücklich machen kann. Vor Jahrzehnten prägte Romano Guardini den berühmt gewordenen Satz: „Die Kirche erwacht in den Seelen!" In diesem Sinne möchten wir sagen: Humanae vitae erwacht in der jungen Generation! Die Generation Benedikt jedenfalls hat keine Berührungsängste mehr zu Humanae vitae. Sie möchte sich ganz öffnen für das Geheimnis der Liebe; denn Gott ist die Liebe (Benedikt XVI., Deus Caritas est).

Christoph Casetti und Maria Prügl
Chur, Salzburg,
25. Juli 2008

Vierzig Jahre Humanae Vitae

ANSPRACHE PAPST BENEDIKT XVI. –
INTERNATIONALER KONGRESS DER PÄPSTLICHEN LATERAN-UNIVERSITÄT ANLÄSSLICH DES 40. JAHRESTAGES DER ENZYKLIKA HUMANAE VITAE, ROM 10. MAI 2008

1 Vierzig Jahre Humanae Vitae

ANSPRACHE PAPST BENEDIKT XVI.

Verehrte Mitbrüder im Bischofs- und im Priesteramt, liebe Brüder und Schwestern!

Mit besonderer Freude empfange ich euch zum Abschluss eurer Arbeiten, die der Reflexion über ein altes und stets neues Problem gewidmet waren: die Verantwortung und die Achtung gegenüber dem Entstehen des menschlichen Lebens. Ich begrüße insbesondere Bischof Rino Fisichella, den Rektor der Päpstlichen Lateranuniversität, die diesen internationalen Kongress veranstaltet hat und danke ihm für das Grußwort, das er an mich gerichtet hat. Ebenso begrüße ich die geschätzten Referenten und Dozenten sowie alle Teilnehmer, die mit ihrem Beitrag diese arbeitsintensiven Tage bereichert haben. Euer Beitrag fügt sich fruchtbringend in die wissenschaftliche Arbeit zu diesem so kontroversen und für die Zukunft der Menschheit doch so entscheidenden Thema ein, die in den letzten Jahrzehnten angewachsen ist.

Bereits das Zweite Vatikanische Konzil wandte sich in der Konstitution *Gaudium et spes* an die Wissenschaftler und forderte sie auf, ihre Kräfte zu vereinen, um eine Einheit des Wissens und eine fundierte Gewissheit über die Bedingungen, die eine *sittlich einwandfreie Geburtenregelung* (*Gaudium et spes*, 52) fördern können, zu erlangen. Mein Vorgänger seligen Angedenkens, der Diener Gottes Paul VI., veröffentlichte am 25. Juli 1968 die Enzyklika *Humanae vitae*. Dieses Dokument wurde schnell zu einem Zeichen des Widerspruchs. Ausgearbeitet im Licht einer schwierigen Entscheidung, war es ein bedeutsamer und mutiger Schritt, um die Kontinuität der Lehre und der Überlieferung der Kirche zu bekräftigen. Über diesen oft missverstandenen Text wurde viel diskutiert, auch weil er in die Anfangszeit tiefgreifender Proteste fiel, die das Leben ganzer Generationen geprägt haben. 40 Jahre nach ihrer Veröffentlichung zeigt diese Lehre nicht nur ihre unveränderte Wahrheit auf, sondern sie offenbart auch die Weitsicht, mit der man dem Problem begegnete. Die eheliche Liebe wird nämlich innerhalb eines ganzheitlichen Prozesses beschrieben, der nicht bei der Trennung von Seele und Leib haltmacht und auch nicht dem bloßen, oft flüchtigen und vergänglichen Gefühl unterworfen ist, sondern Sorge trägt um die Einheit der Person und die vollkommene Gemeinschaft der Eheleute, die sich in der gegenseitigen Annahme einander hingeben, im Versprechen treuer und ausschließlicher Liebe, das einer wirklich freien Entscheidung entspringt. Wie könnte eine solche Liebe sich dem Geschenk des Lebens verschließen? Das Leben ist immer ein unschätzbares Geschenk. Bei seinem Entstehen nehmen wir jedes Mal die Macht des schöpferischen Wirkens Gottes wahr, der dem Menschen vertraut und ihn so beruft, durch die Kraft der Hoffnung die Zukunft aufzubauen.

Das Lehramt der Kirche kann sich nicht seiner Pflicht entziehen, auf immer neue und tiefere Weise über die Grundprinzipien nachzudenken, die Ehe und Fortpflanzung betreffen. Was gestern wahr gewesen ist, bleibt auch heute wahr. Die Wahrheit, die in der Enzyklika *Humanae vitae* zum Ausdruck gebracht wird, ändert sich nicht. Im Gegenteil, gerade im Licht der neuen wissenschaftlichen Errungenschaften wird ihre Lehre immer aktueller und fordert dazu heraus, über den ihr innewohnenden Wert nachzudenken. Der Schlüssel, der einen konsequenten Zugang zu ihren Inhalten verschafft, ist und bleibt die Liebe. In meiner ersten Enzyklika *Deus caritas* est habe ich geschrieben: „Der Mensch wird dann ganz er selbst, wenn Leib und Seele zu innerer Einheit finden ... Aber es lieben nicht Geist oder Leib — der Mensch, die Person, liebt als ein einziges und einiges Geschöpf, zu dem beides gehört" (Nr. 5). Ohne diese Einheit geht der Wert der Person verloren und man gerät in die große Gefahr, den Leib als bloße *Sache* zu betrachten, die man kaufen und verkaufen kann (vgl. ebd.). In einer Kultur, die dem Haben größeren Wert beimisst als dem Sein, läuft das menschliche Leben Gefahr, seinen Wert zu verlieren. Wenn die Ausübung der Sexualität zur Droge wird, die dem Partner eigene Wünsche und Interessen auferlegen will, ohne die Zeiten der geliebten Person zu respektieren, dann gilt es nicht mehr nur die wahre Auffassung von der Liebe zu verteidigen, sondern in erster Linie die Würde der Person selbst. Als Gläubige dürfen wir niemals zulassen, dass die Herrschaft der Technik die Qualität der Liebe und die Heiligkeit des Lebens entwertet.

Nicht zufällig beruft sich Jesus, wenn er über die menschliche Liebe spricht, auf das, was Gott am Anfang der Schöpfung gewirkt hat (vgl. Mt 19,4–6). Seine Lehre verweist auf einen ungeschuldeten Akt Gottes. Durch ihn wollte der Schöpfer nicht nur den Reichtum seiner Liebe, die sich öffnet und allen

hinschenkt, zum Ausdruck bringen, sondern auch ein Urbild formen, auf das das Handeln der Menschheit ausgerichtet sein soll. In der Fruchtbarkeit der ehelichen Liebe nehmen Mann und Frau am Schöpfungsakt des Vaters teil und machen sichtbar, dass am Ursprung ihres Ehelebens ein echtes *Ja* steht, das in Gegenseitigkeit ausgesprochen und wirklich gelebt wird und das stets offen bleibt gegenüber dem Leben. Dieses Wort des Herrn dauert in seiner tiefen Wahrheit unverändert fort und kann durch die verschiedenen und manchmal sogar widersprüchlichen Theorien nicht ausgelöscht werden, die im Laufe der Jahre aufeinander gefolgt sind. Das natürliche Sittengesetz, das der Anerkennung der wahren Gleichheit zwischen Personen und Völkern zugrunde liegt, sollte als die Quelle erkannt werden, an der sich auch die Beziehung der Eheleute untereinander und ihre Verantwortung Kinder zu zeugen ausrichten muss. Die Weitergabe des Lebens ist in die Natur eingeschrieben, und ihre Gesetze sind eine ungeschriebene Norm, auf die alle Bezug nehmen müssen. Jeder Versuch, den Blick von diesem Grundsatz abzuwenden, bleibt unfruchtbar und schafft keine Zukunft.

Es ist dringend notwendig, dass wir einen Bund wiederentdecken, der stets fruchtbar war, als er geachtet wurde; Vernunft und Liebe stehen bei ihm an erster Stelle. Ein scharfsinniger Meister wie Wilhelm von Saint-Thierry konnte Worte schreiben, deren tiefe Gültigkeit wir auch in unserer Zeit verspüren: „Wenn sie einander aushelfen, dann belehrt die Vernunft die Liebe und erleuchtet die Liebe die Vernunft. Die Vernunft schmiegt sich der Regung der Liebe ein, und die Liebe lässt sich die Grenzen der Vernunft gefallen. Auf diese Weise vermögen sie Großes" (*Über die Natur und Würde der Liebe*, 25). Was ist dieses *Große*, das wir erleben können? Es ist das Entstehen der Verantwortung für das Leben, die die Selbsthingabe eines Menschen an den anderen fruchtbar macht. Es ist Frucht einer Liebe, die in voller Freiheit denken und entscheiden kann, ohne sich vom eventuell verlangten Opfer über die Maßen beeinflussen zu lassen. Hier entspringt das Wunder des Lebens, das die Eltern in sich selbst wahrnehmen, indem sie das, was in ihnen und durch sie geschieht, als etwas Außerordentliches erfahren. Keine mechanische Technik kann den gegenseitigen Liebesakt der beiden Eheleute ersetzen, der Zeichen eines größeren Geheimnisses ist, durch das sie als Protagonisten an der Schöpfung beteiligt sind.

Leider wird man jedoch immer häufiger Zeuge trauriger Ereignisse, die die Jugendlichen betreffen, deren Reaktionen zeigen, dass sie die Geheimnisse des Lebens und die gefährlichen Auswirkungen ihres Handelns nicht richtig kennen. Die dringende Notwendigkeit der Erziehung, auf die ich oft Bezug nehme, beinhaltet vorrangig das Thema des Lebens. Ich wünsche wirklich, dass vor allem den jungen Menschen ganz besondere Aufmerksamkeit gewidmet wird, damit sie lernen können, was der wahre Sinn der Liebe ist, und durch eine geeignete Sexualerziehung darauf vorbereitet werden, ohne sich durch oberflächliche Botschaften ablenken zu lassen, die es verhindern, zum Wesentlichen der Wahrheit, die auf dem Spiel steht, zu gelangen. Es macht einer Gesellschaft, die sich auf freiheitliche und demokratische Grundsätze beruft, keine Ehre, falsche Illusionen im Bereich der Liebe zu vermitteln oder über die wahre Verantwortung, die man durch die Ausübung der eigenen Sexualität übernehmen muss, hinwegzutäuschen. Die Freiheit muss mit Wahrheit und Verantwortung verbunden sein, mit der Kraft der Hingabe an den anderen, die auch das Opfer einschließt. Ohne diese Elemente wächst die menschliche Gemeinschaft nicht, und es droht die Gefahr, sich in einem Kreis des alles erstickenden Egoismus zu verschließen.

Die in der Enzyklika Humanae vitae zum Ausdruck gebrachte Lehre ist nicht einfach. Sie entspricht jedoch der grundlegenden Struktur, durch die das Leben seit der Schöpfung der Welt stets weitergegeben wird, unter Achtung der Natur und ihren Anforderungen entsprechend. Die Achtung gegenüber dem menschlichen Leben und die Wahrung der Würde der Person machen es notwendig, dass wir nichts unversucht lassen, um alle an der echten Wahrheit der verantwortlichen ehelichen Liebe teilhaben zu lassen, in vollkommener Treue gegenüber dem Gesetz, das in das Herz jedes Menschen eingeschrieben ist. Mit diesen Empfindungen erteile ich euch allen den Apostolischen Segen.

Rom, Samstag, 10. Mai 2008

Einführung in die Enzyklika Humanae vitae

CHRISTOPH CASETTI

2 Einführung in die Enzyklika Humanae vitae

CHRISTOPH CASETTI

Vor 40 Jahren erschien die Enzyklika von Papst Paul VI. über die Weitergabe des menschlichen Lebens *Humanae vitae*. Es handelt sich dabei wohl um das umstrittenste Lehrschreiben eines Papstes überhaupt. Der öffentliche Protest war gewaltig bis weit in kirchliche Kreise hinein. Die Folge in unseren Breitengraden war eine Art von Tabuisierung, zwar nicht des Themas, aber einer vertieften Auseinandersetzung mit dieser Enzyklika. Nach 40 Jahren scheint mir die Zeit dafür reif zu sein, mit etwas weniger Emotionen und mit mehr Sachlichkeit diesem kirchlichen Dokument zu begegnen.

I. Neue Problemstellungen

Werfen wir zunächst einen Blick auf die damalige Situation. Die Angst vor der raschen Bevölkerungszunahme beschäftigte die Fachwelt und über die Medien auch die Bevölkerung. Die Not vor allem in den Entwicklungsländern erschien vielen als unlösbar ohne eine aktive Politik der Geburtenkontrolle. Die sogenannte Kulturrevolution der 68er Jahre des vergangenen Jahrhunderts brachte tiefgreifende Veränderungen im Verständnis von Ehe und Familie mit sich. Die Selbstverwirklichung im Sinne einer Selbstbestimmung des Individuums trat in den Vordergrund. Die städtischen Wohn- und Arbeitsverhältnisse sowie die Ansprüche an einen gewissen Wohlstand riefen mit Nachdruck nach einer Geburtenregelung. In diesem Kontext erhielt die Erfindung der „Anti-baby-Pille" eine ungeheure Faszination. Sie ermöglichte die Entkoppelung der Sexualität von der Fortpflanzung.

Der Druck auf die katholische Kirche, die Empfängnisverhütung zu erlauben, nahm stark zu. Dabei ist zu bedenken, dass durch alle Jahrhunderte hindurch bis 1930 sich alle christlichen Konfessionen in der Ablehnung der Empfängnisverhütung einig gewesen waren. Das 2. Vatikanische Konzil blieb bei den überlieferten Grundsätzen. Es überließ die Entscheidung in Bezug auf die neuen Fragestellungen dem Papst. *Humanae vitae* war die Antwort von Paul VI. darauf. Er hatte sich diese Antwort wahrlich nicht leicht gemacht. Er konsultierte und erweiterte die bereits von Johannes XXIII. eingesetzte Kommission. Ihr gehörten Fachleute verschiedener Disziplinen und Ehepaare an. Er befasste sich mit vielen Meinungen aus der Weltkirche, die ihm zugetragen wurden. Er studierte gegensätzliche Gutachten. Nachdem in der Kommission kein Konsens erreicht werden konnte, traf er – auch nach vielem Beten, wie er ausdrücklich mitteilte – seine Entscheidung. Am 25. Juli 1968 veröffentlichte er die Enzyklika *Humanae vitae*. Sie beginnt nach der Anrede mit folgenden Worten: „Die überaus ernste Aufgabe, menschliches Leben weiterzugeben, durch welche die Gatten freie und bewusste Mitarbeiter des Schöpfergottes sind, erfüllt sie immer mit großer Freude; doch ist die Freude vielfach mit nicht geringen Schwierigkeiten und Bedrängnissen verbunden" (1).

II. Gesamtschau des Menschen

Die Frage der Weitergabe des Lebens muss im Rahmen einer Gesamtschau des Menschen gesehen werden. Es gilt nicht nur die leibliche, sondern auch die seelische und geistliche Dimension zu berücksichtigen. Dabei handelt es sich nicht um „Teile" des Menschen, sondern um Dimensionen des einen Menschen. Grundlegend ist hier die biblische Sicht des Menschen als Einheit von Leib und Geist-Seele. Der Mensch hat nicht einen Leib, sondern er ist seine Einheit von Leib und Seele.

Diese ganzheitliche Sicht beleuchtet auch die eheliche Liebe und die verantwortete Elternschaft. Dies zeigt sich eindrücklich im folgenden Zitat: „Weit davon entfernt, das bloße Produkt des Zufalls oder Ergebnis des blinden Ablaufs von Naturkräften zu sein, ist die Ehe in Wirklichkeit vom Schöpfergott in weiser Voraussicht so eingerichtet, dass sie in den Menschen seinen Liebesplan verwirklicht. Darum streben Mann und Frau durch ihre gegenseitige Hingabe, die ihnen in der Ehe eigen und ausschließlich ist, nach jener personalen Gemeinschaft, in der sie sich gegenseitig vollenden, um mit Gott zusammenzuwirken bei der Weckung und Erziehung neuen menschlichen Lebens" (8). Gott ist selber in seiner Dreifaltigkeit eine Gemeinschaft von Personen, die in vollkommener Liebe miteinander verbunden sind. Gott erschafft den Menschen nach seinem Bild und Gleichnis; er erschafft ihn als Mann und Frau. Das bedeutet: Mann und Frau sind dazu berufen, eine personale Gemeinschaft zu bilden. Sie sind dazu berufen, in ihrer ehelichen Liebe die Liebe Gottes zu erfahren und zu bezeugen. Die Liebe Gottes ist schöpferisch. Wenn Vater und Mutter einem Kind das Leben schenken, wirken sie unmittelbar mit Gott zusammen. Sie haben teil an der schöpferischen Liebe Gottes. Während die Eltern Same und Eizelle zur Verfügung stellen, gibt Gott die einzigartige und unzerstörbare Seele hinzu. Wenn wir das in der Tiefe bedenken, erkennen wir, dass die Weckung neuen menschlichen Lebens etwas Heiliges ist. So sagte schon der selige Papst Johannes XXIII.: „Das menschliche Leben muss allen etwas Heiliges sein, denn es verlangt von seinem ersten Aufkeimen an das schöpferische Eingreifen Gottes" (13).

EIGENART DER EHELICHEN LIEBE

Von dieser Gesamtschau her ergibt sich die Eigenart der ehelichen Liebe. Der Papst nennt vier Eigenschaften dieser Liebe:

1. Sie ist *vollmenschlich*, das heißt sinnenhaft und geistig zugleich. „Sie entspringt darum nicht nur Trieb und Leidenschaft, sondern auch und vor allem einem Entscheid des freien Willens, der darauf hindrängt, in Freud und Leid des Alltags durchzuhalten, ja dadurch stärker zu werden: So werden dann die Gatten ein Herz und eine Seele und kommen gemeinsam zu ihrer menschlichen Vollendung" (9).

2. Sie ist *ganzheitlich*. Es geht in ihr um eine personale Freundschaft, die den anderen ohne Vorbehalt liebt. Sie sucht nicht den eigenen Vorteil, sondern nimmt den anderen als Ganzen so an, wie er ist.

3. Als Abbild der Treue Gottes zum Menschen ist die eheliche Liebe treu und *ausschließlich* bis zum Ende des Lebens: „So wie sie Braut und Bräutigam an jenem Tag verstanden, da sie sich frei und klar bewusst durch das gegenseitige eheliche Jawort aneinander gebunden haben" (9).

4. Als wirksames Zeichen der schöpferischen Liebe Gottes ist diese Liebe schließlich *fruchtbar*. Hier zitiert Paul VI. die Nummer 50 der pastoralen Konstitution über die Kirche in der Welt von heute *Gaudium et Spes* des 2. Vatikanischen Konzils: „Ehe und eheliche Liebe sind ihrem Wesen nach auf die Zeugung und

Erziehung von Nachkommenschaft ausgerichtet. Kinder sind gewiss die vorzüglichste Gabe für die Ehe und tragen zum Wohl der Eltern selbst sehr bei" (9).

VERANTWORTETE ELTERNSCHAFT

Die eheliche Liebe verlangt von ihrem Wesen her das richtige Verständnis der verantworteten Elternschaft. Der entscheidende Satz scheint mir hier der folgende zu sein: „Im Hinblick ... auf die gesundheitliche, wirtschaftliche, seelische und soziale Situation bedeutet verantwortungsbewusste Elternschaft, dass man entweder, nach klug abwägender Überlegung, sich hochherzig zu einem größeren Kinderreichtum entschließt oder bei ernsten Gründen und unter Beobachtung des Sittengesetzes zur Entscheidung kommt, zeitweise oder dauernd auf weitere Kinder zu verzichten" (10). Entgegen der immer noch verbreiteten Meinung, die Kirche verlange von den Eltern möglichst viele Kinder, gibt es also eine *verantwortete* Elternschaft. Die Gatten haben das Recht, die Zahl der Kinder und die Abstände der Geburten zu bestimmen. Zwar erwartet die Kirche eine hochherzige Entscheidung für die Weitergabe des Lebens. Aber sie anerkennt ernsthafte Gründe für eine kleine Kinderzahl. Mit dem Ausdruck „unter Beobachtung des Sittengesetzes" ist gemeint, dass die Gatten bei der Aufgabe, das Leben weiterzugeben, „keineswegs ihrer Willkür folgen dürfen ... Sie sind vielmehr verpflichtet, ihr Verhalten auf den göttlichen Schöpfungsplan auszurichten" (10).

ACHTUNG VOR DEM WESEN UND DER ZIELSETZUNG DES EHELICHEN AKTES

In der Nr. 11 der Enzyklika steht ein entscheidender Satz, der jedoch zu großen Missverständnissen geführt hat. Mit Bezug auf die Enzyklika *Casti connubii* aus dem Jahre 1930 von Pius XI. sagt Paul VI., „dass *jeder eheliche Akt* von sich aus auf die Erzeugung menschlichen Lebens hingeordnet bleiben muss" (11). Daraus hat man manchmal gefolgert, dass der eheliche Verkehr aus der Sicht der Kirche sittlich nur erlaubt sei, wenn man ein Kind zeugen will. Diese Auslegung ist falsch und nicht gemeint. Denn in der gleichen Nummer erinnert der Papst an die fruchtbaren und unfruchtbaren Phasen im Zyklus der Frau. Er sagt ausdrücklich, dass der eheliche Verkehr auch bei vorauszusehender Unfruchtbarkeit erlaubt ist. Denn er bringe die liebende Verbundenheit der Gatten zum Ausdruck und bestärke sie.

UNTRENNBARKEIT VON LIEBENDER VEREINIGUNG UND FORTPFLANZUNG

Was ist also mit der Formulierung gemeint, jeder eheliche Akt müsse von sich aus auf die Erzeugung menschlichen Lebens hingeordnet bleiben? Um die Antwort zu finden, müssen wir bedenken, dass die eheliche Vereinigung einen doppelten Sinngehalt hat. Sie drückt einerseits in der Sprache des Leibes die eheliche Liebe aus. Andererseits befähigt sie zur Zeugung neuen Lebens. Diese beiden Sinngehalte hat der Schöpfer unlösbar miteinander verknüpft. Was Jesus von der ehelichen Verbindung zwischen Mann und Frau sagt: „Was aber Gott verbunden hat, das darf der Mensch nicht trennen" (Mk 10,9), das gilt auch für die liebende Vereinigung und die Fortpflanzung: „Diese Verknüpfung darf der Mensch nicht eigenmächtig auflösen" (12).

TREUE ZUM SCHÖPFUNGSPLAN GOTTES

Es geht also darum, dem Schöpfungsplan Gottes treu zu bleiben. Was heißt das konkret? Die eheliche Vereinigung muss wirklich Ausdruck der Liebe sein. Sie muss deshalb Rücksicht nehmen auf das Befinden und die berechtigten Wünsche des Ehepartners. Dazu gehört auch, die fruchtbaren und unfruchtbaren Tage im Zyklus der Frau zu respektieren. Einerseits gehören sie nämlich in den Plan Gottes hinein. Andererseits hat der Mensch keine unbeschränkte Verfügungsmacht über seinen Körper, besonders auch nicht über die Zeugungskräfte, deren Ursprung Gott ist.

UNERLAUBTE WEGE DER GEBURTENREGELUNG

Aus diesen Überlegungen leitet Papst Paul VI. unter Bezug auf die überlieferte Lehre der Kirche das Verbot der Abtreibung sowie der Empfängnisverhütung ab. Ich zitiere wörtlich: „Der direkte Abbruch einer begonnenen Zeugung, vor allem die direkte Abtreibung ... ist kein rechtmäßiger Weg, die Zahl der Kinder zu beschränken und daher absolut zu verwerfen. Gleicherweise muss ... die direkte, dauernde oder zeitlich begrenzte Sterilisierung des Mannes oder der Frau verurteilt werden.

Ebenso ist jede Handlung verwerflich, die entweder in Voraussicht oder während des Vollzugs des ehelichen Aktes oder im Anschluss an ihn beim Ablauf seiner natürlichen Auswirkungen darauf abstellt, die Fortpflanzung zu verhindern, sei es als Ziel, sei es als Mittel zum Ziel" (14).

Diese Handlungen können auch nicht gerechtfertigt werden als Wahl des kleineren Übels. Der gute Zweck heiligt eben nicht ein schlechtes Mittel, „das als des Menschen unwürdig gelten muss" (14).

Zur Heilung körperlicher Krankheiten sind therapeutische Maßnahmen jedoch erlaubt, auch wenn daraus aller Voraussicht nach eine Zeugungsverhinderung eintritt.
Die von der Kirche abgelehnte Geburtenregelung besteht also darin, dass ein ehelicher Akt absichtlich unfruchtbar gemacht wird bzw. ein bereits entstandenes Kind aktiv am Weiterleben gehindert wird. Das *Nein* der Kirche ruft nach weiteren Überlegungen.

ERLAUBTE INANSPRUCHNAHME DER UNFRUCHTBAREN PERIODEN

Wenn die Abtreibung und die Empfängnisverhütung unerlaubte Wege der Geburtenregelung sind, stellt sich sogleich die Frage nach den erlaubten Wegen. In Bezug auf Papst Pius XII. gibt Paul VI. darauf eine klare Antwort: „Wenn also gerechte Gründe dafür sprechen, Abstände einzuhalten in der Reihenfolge der Geburten – Gründe, die sich aus der körperlichen oder seelischen Situation der Gatten oder aus äußeren Verhältnissen ergeben –, ist es nach kirchlicher Lehre den Gatten erlaubt, dem natürlichen Zyklus der Zeugungsfunktionen zu folgen, dabei den ehelichen Verkehr auf die empfängnisfreien Zeiten zu beschränken und die Kinderzahl so zu planen, dass die oben dargelegten sittlichen Grundsätze nicht verletzt werden" (16). Mit anderen Worten: Die Kirche empfiehlt und fördert die so genannte natürliche Familienplanung bzw. die natürliche Empfängnisregelung. Dabei handelt es sich um Methoden der Selbstbeobachtung. Die Frau lernt, die fruchtbaren und unfruchtbaren Tage ihres Zyklus sicher zu unterscheiden.

Ist es Eheleuten erlaubt, freiwillig eine eventuell mögliche Zeugung zu verhüten? Das ist die ethische Frage, um die es hier geht. Wo liegt in diesem Zusammenhang der Unterschied zwischen Empfängnisregelung und Empfängnisverhütung? Die Absicht ist gleich. In beiden Fällen wollen die Eheleute kein Kind. Aber das frei gewählte Handeln ist anders.

Bei der Empfängnisregelung ändern die Gatten aus Gründen der Verantwortung das Sexualverhalten. Wenn sie das Leben nicht weiterschenken können, leben sie periodisch d. h. während den fruchtbaren Tagen der Frau enthaltsam. Um sich selbst beherrschen zu können, brauchen sie die Tugend der Selbstdisziplin oder Mäßigung (die *temperantia*).

Mit seinem Verhalten sagt der Mann zur Frau: Ich liebe dich ganz so, wie du bist. Weil du in diesen Tagen fruchtbar bist und weil wir (zur Zeit) keine weiteren Kinder in unserer Ehe verantworten können, verzichten wir an diesen (wenigen) Tagen auf geschlechtliche Beziehungen und ich zeige dir meine Liebe auf andere Weise.
Bei der Empfängnisverhütung ändern die Gatten das Sexualverhalten nicht, trotz der Einsicht, eine Empfängnis sei zu vermeiden. Sie verhindern jedoch die unerwünschten Folgen dieses Verhaltens. Mit seinem Verhalten sagt der Mann zur Frau: Zur Zeit liebe ich dich nicht so, wie du bist. Ich liebe vor allem deinen Leib nicht ganz. Denn deine Fruchtbarkeit lehne ich ab, weil wir (zur Zeit) keine weiteren Kinder in unserer Ehe verantworten können. Da ich dennoch nicht auf geschlechtliche Beziehungen verzichten will, müssen wir verhindern, dass es trotz unserer Fruchtbarkeit zu einer Empfängnis kommt.

Somit geht es nicht um einen Unterschied der Methode, sondern um objektiv verschiedene Handlungsweisen. Natürliche Empfängnisregelung bzw. Natürliche Familienplanung ist im Grunde keine Methode. Sie liefert nur Hinweise, wann Enthaltsamkeit angesagt ist. In *dieser* drückt sich die Entscheidung leiblich aus, auf die Weitergabe des Lebens aus verantwortbaren Gründen zu verzichten. So ist die Enthaltsamkeit ein leiblicher Akt der Liebe. Bei der Empfängnisverhütung hingegen ist der Leib nicht mehr in die Verantwortung eingebunden, sondern er wird zum Objekt von Maßnahmen degradiert. Es geht also um die Frage, womit der Mensch seine Geschlechtlichkeit *steuert*: ob er es mit seinem Charakter, mit Selbstbeherrschung, oder ob er die Steuerung einem Verhütungsmittel bzw. einem Dritten, z. B. dem Arzt, überlässt.

Wenn die Gatten in unfruchtbaren Tagen geschlechtlich verkehren, bringen sie ihre eheliche Liebe zum Ausdruck. Sie sind in der Berufung vereint, das Leben *verantwortlich* weiterzugeben. Es *verantwortlich* weitergeben, kann eben auch heißen, es noch nicht oder nicht mehr weiterzugeben. In diesem Sinne ist die Empfängnisverhütung weder verantwortlich noch besitzt sie einen elterlichen Sinngehalt. Sie kann nicht der leibliche Ausdruck einer Liebe sein, die der Weitergabe des Lebens dient.

Wie schon gesagt, empfiehlt die Kirche die natürliche Empfängnisregelung. Damit sie erlaubt ist, müssen berechtigte Gründe vorliegen. Auch die natürliche Empfängnisregelung kann missbraucht werden durch eine verhütenden Gesinnung.

HONO
RIVS PP
III
IC.
XC
SCS
PAVLVS.
SCS
PETRVS
HONORIVS·PP·III

Diese Überlegungen lassen sich mit einer ein wenig humoristischen Anekdote zusammenfassen. Einem Polizisten, der den Unterschied zwischen Empfängnisverhütung und Empfängnisregelung nicht verstehen konnte, sagte eine Ärztin: „Sag einmal, was tust du eigentlich: Verhütest du den Verkehr oder regelst du ihn?"

ERNSTE FOLGEN DER METHODEN EINER KÜNSTLICHEN GEBURTENREGELUNG

Paul VI. weist ausdrücklich auf die ernsten Folgen der Verhütung hin. Er sieht eine Zunahme der ehelichen Untreue und die allgemeine Aufweichung der sittlichen Zucht schon bei den Jugendlichen voraus. Er befürchtet, dass Männer, die sich an empfängnisverhütende Mittel gewöhnt haben, die Ehrfurcht vor der Frau verlieren. Ohne auf ihr körperliches Wohl und ihr seelisches Gleichgewicht Rücksicht zu nehmen, könnten sie die Frau zum bloßen Werkzeug ihrer Triebbefriedigung erniedrigen. Sie werden sie nicht mehr als Partnerin ansehen, der man Achtung und Liebe schuldet.

Dazu kommen politische Konsequenzen. „Wer könnte es Staatsregierungen verwehren, zur Überwindung der Schwierigkeiten ihrer Nationen für sich in Anspruch zu nehmen, was man Ehegatten als erlaubte Lösung ihrer Familienprobleme zugesteht? Wer könnte Regierungen hindern, empfängnisverhütende Methoden zu fördern, die ihnen am wirksamsten zu sein scheinen, ja sogar ihre Anwendung allgemein vorzuschreiben, wo immer es ihnen notwendig erscheint?" (17).

Wieder mit Bezug auf Papst Pius XII. sagt Paul VI. dazu abschließend: „Will man nicht den Dienst an der Weitergabe des Lebens menschlicher Willkür überlassen, dann muss man für die Verfügungsmacht des Menschen über den eigenen Körper und seine natürlichen Funktionen unüberschreitbare Grenzen anerkennen, die von niemandem, sei es von einer Privatperson oder einer öffentlichen Autorität, verletzt werden dürfen. Diese Grenzen bestimmen sich einzig aus der Ehrfurcht, die dem menschlichen Leibe in seiner Ganzheit und seinen natürlichen Funktionen geschuldet wird" (17).

DIE KIRCHE ALS GARANT DER WAHREN WERTE DES MENSCHEN

Der Papst weiß, dass diese Lehre der Kirche von vielen abgelehnt werden wird. Aber die Kirche muss damit rechnen, dass sie, wie schon ihr Stifter, zum Zeichen gesetzt ist, dem widersprochen wird (vgl. Lk 2,34). Doch es geht der Kirche um die Würde des Menschen (18).

III. Die Kirche als Mutter und Lehrmeisterin

Im dritten Teil seiner Enzyklika geht es dem Papst um Hilfen zur Durchführung einer sittlich geordneten Geburtenregelung. Paul VI. ist sich bewusst, dass es anspruchsvoll ist, diese Lehre zu leben. Die Gnade Gottes wird auch hier den guten Willen des Menschen stützen und stärken. Die zeitweilige Enthaltsamkeit setzt die Fähigkeit zur Selbstbeherrschung voraus. „Sie hilft den Eheleuten, ungezügelte Selbstsucht, die der wahren Liebe widerspricht, zu überwinden" (21). Die Entfaltung dieser Fähigkeit wiederum setzt eine Erziehung voraus, in welcher die Keuschheit als schöpfungsgemäße Ordnung der Sexualität gedeihen kann.

Der Papst appelliert an die staatlichen Behörden, dem Sittenzerfall zu wehren und die Familie als Keimzelle des Staates zu schützen. Um das Problem des Bevölkerungswachstums zu lösen, dürfen keine schlechten Mittel gewählt werden.

Er ruft die Wissenschaftler und vor allem die Mediziner dazu auf, aufbauend auf dem Wissen um die natürlichen Zyklen, für eine sittlich geordnete Geburtenregelung sichere Grundlagen zu schaffen. So werde sich zeigen, dass es keinen Widerspruch geben kann zwischen der Schöpfungsordnung und der echten ehelichen Liebe. (22–24)

Die Eheleute erinnert Paul VI. an ihre Berufung zur Liebe und zur Weitergabe des Lebens. Er kennt die bisweilen ernsten Schwierigkeiten, dem Willen Gottes getreu zu leben. Im Gebet und in den Sakramenten der Kirche werden sie die notwendige Kraft schöpfen können. Sie sollen vor allem nie den Mut verlieren und immer zur göttlichen Barmherzigkeit ihre Zuflucht nehmen. (25)

Eine weitere Hilfe wird es sein, wenn gleichgesinnte Eheleute ihre Erfahrungen austauschen und sich gegenseitig unterstützen. (26)

Eine eigene Nummer ist den Ärzten und ihren Helfern gewidmet (27).

Die Enzyklika endet mit einem Wort an die Priester, an die Bischöfe und an alle Menschen guten Willens. (28 - 31)

Die Priester bittet der Papst, die kirchliche Ehelehre unverfälscht und offen darzulegen. Er erinnert sie an den Gehorsam, zu dem sie dem kirchlichen Lehramt gegenüber verpflichtet sind. Die Menschen haben ein Recht auf die Wahrheit, aber die Wahrheit muss mit Liebe und Duldsamkeit vermittelt werden (29).

Gegenüber den Bischöfen äußert der Papst die dringende Bitte, der Ehe- und Familienpastoral Priorität zu geben (30).

Allen Gläubigen und allen Menschen guten Willens sagt Paul VI. zum Schluss: „Nur wenn der Mensch sich an die von Gott in seine Natur eingeschriebenen und darum weise und liebevoll zu achtenden Gesetze hält, kann er zum wahren, sehnlichst erstrebten Glück gelangen" (31).

Rückblick

Nach 40 Jahren hat sich der Rauch der heißen Köpfe verzogen. Papst Johannes Paul II. hat die Lehre der Kirche in Bezug auf Ehe und Familie anthropologisch und theologisch tief reflektiert. Er hat sie nicht verändert, sondern besser begründet. Sie hat Eingang gefunden in den Katechismus der katholischen Kirche. Ärzte und Wissenschaftler haben der Bitte Paul's VI. Folge geleistet. So haben zum Beispiel die Ärzte John Billings und Josef Rötzer zusammen mit ihren Ehefrauen auf Grund von Studien des weiblichen Zyklus sichere Methoden der Selbstbeobachtung entwickelt. In vielen Ländern der Welt lernen die Frauen, ihre fruchtbaren und unfruchtbaren Tage sicher zu unterscheiden. Diese Methoden, die im Grunde mehr eine Lebenshaltung sind, werden von den Menschen vor allem in den sogenannten Entwicklungsländern besser angenommen als Verhütungsmittel.

In den reichen und industrialisierten Ländern hat es die natürliche Empfängnisregelung schwerer. Verhütung wird sozusagen flächendeckend angeboten und praktiziert. Denn die pharmazeutische Industrie und ihre Propaganda ist sehr stark. Empfängnisverhütung war und ist ein gewaltiges Geschäft. Die hedonistische Lebenseinstellung tut sich schwer mit der Enthaltsamkeit. Und – wir dürfen es nicht verschweigen – viele Bischöfe, Moraltheologen und Priester haben ihre Hausaufgaben nicht oder nur unzureichend gemacht. Die Mehrheit der Bischofskonferenzen hat die Enzyklika begrüßt, aber manche waren entsetzt. Die westdeutsche Bischofskonferenz – nicht die ostdeutsche, welche *Humanae vitae* vollkommen gebilligt hat – hat die Enzyklika mit einem neuzeitlichen Begriff von Gewissen verbunden. Man hat zwar gesagt: Das lehrt die Kirche. Aber man war der Meinung, jeder müsse vor seinem Gewissen beurteilen, ob er diese Lehre annehmen kann oder nicht. Eine ähnliche Position haben auch die österreichische und die schweizerische Bischofskonferenz vertreten. Als die so irregeführten Eheleute mehr und mehr die Lehre von *Humanae vitae* beiseite legten, wurde dies als neuer *sensus fidelium*, als neuer auch vom Heiligen Geist inspirierter Sinn der Gläubigen interpretiert. Zu dieser Deutung hat ein weiterer Umstand beigetragen: Innerhalb der Moraltheologie gab es schon damals eine verfehlte Interpretation des irrenden Gewissens, dem man nach dem hl. Thomas selbst dann folgen muss, wenn man objektiv etwas Falsches tut. Hier wurde übersehen, dass das Gewissen auch gebildet werden muss. Wo die entsprechende Gewissensbildung ausdrücklich abgelehnt wird, handelt es sich um ein schuldhaft irrendes Gewissen.

Andererseits haben sich alle Befürchtungen Paul's VI. bewahrheitet. Die sexuelle Freizügigkeit schon der Jugendlichen behindert deren persönliche Reifung. Die Destabilisierung der Ehen und damit der Familien hat sehr stark zugenommen. Das führt wiederum zu Bindungsangst und Bindungsunfähigkeit. Die Abtreibungen lassen sich mit Verhütung nicht wirksam bekämpfen. Die demographische Lage ist besorgniserregend. Die europäischen Völker ersetzen die Generationen nicht mehr. Sie sind zu sterbenden Völkern geworden.
Die Entkoppelung von Sexualität und Fruchtbarkeit führt auch auf der Seite der Fortpflanzung zu äußerst problematischen Entwicklungen. Die neuen Fortpflanzungstechnologien verbrauchen unzählige Embryonen. Sie zerstören das Leben von Kindern in ihrer ersten Lebensphase. Sie sind nicht einmal besonders effizient. Übrigens gibt es inzwischen auf der Basis von verfeinerten Zyklusstudien Behandlungen von unfreiwillig unfruchtbaren Paaren, welche eine signifikant höhere Erfolgsrate aufweisen als die Invitrofertilisation.

In einem Interview mit der Tagespost sagte der irische Moraltheologe Vincent Twomey, ein Freund und Schüler von Papst Benedikt XVI.: „Ich meine, dass durch die Debatte um *Humanae vitae* die ganze Krise innerhalb der abendländischen Kulturgeschichte zu ihrem Höhepunkt gekommen ist. Und ich bin überzeugt, dass die Kirche in Europa und nicht zuletzt in Deutschland sich solange nicht erholen wird, bis sie *Humanae vitae* annimmt. Und zwar alles, was darin steht". Dass diese Aussage auch für die anderen Länder Westeuropas gilt, ist für mich selbstverständlich.

So bin ich davon überzeugt, dass die Enzyklika *Humanae vitae* ein wahrhaft prophetisches Dokument ist, für das wir dem Verfasser und letztlich Gott nur dankbar sein können.

Chur, im Mai 2008

Enzyklika „Humanae vitae" Papst Paul VI.

ÜBER DIE RECHTE ORDNUNG DER WEITERGABE MENSCHLICHEN LEBENS

3 ENZYKLIKA „HUMANAE VITAE" PAPST PAUL VI.

ÜBER DIE RECHTE ORDNUNG DER WEITERGABE
MENSCHLICHEN LEBENS
25. Juli 1968

Von den deutschen Bischöfen approbierte Übersetzung
Der lateinische Text findet sich in: Acta Apostolicae Sedis 60 (1968) 481-503

- Grußadresse und Einleitung
- Neue Gesichtspunkte des Problems: die Zuständigkeit des kirchlichen Lehramtes
- Prinzipien der kirchlichen Lehre
- Seelsorgliche Richtlinien
- Schlusswort
- Anmerkungen

AN DIE EHRWÜRDIGEN BRÜDER
DIE PATRIARCHEN,
DIE ERZBISCHÖFE, BISCHÖFE
UND DIE ÜBRIGEN ORTSORDINARIEN,
DIE MIT DEM APOSTOLISCHEN STUHL
IN FRIEDEN UND GEMEINSCHAFT LEBEN,
AN DEN KLERUS
UND DIE CHRISTGLÄUBIGEN
DES GANZEN KATHOLISCHEN ERDKREISES
SOWIE AN ALLE MENSCHEN GUTEN WILLENS

Ehrwürdige Brüder, liebe Söhne und Töchter!
Gruß und Apostolischen Segen!

DIE WEITERGABE DES LEBENS

1. Die überaus ernste Aufgabe, menschliches Leben weiterzugeben, durch die die Gatten freie und bewusste Mitarbeiter des Schöpfergottes sind, erfüllt sie immer mit großer Freude; doch ist die Freude vielfach mit nicht geringen Schwierigkeiten und Bedrängnissen verbunden.

Zu allen Zeiten stellte die Erfüllung dieser Aufgabe das Gewissen der Gatten vor schwere Probleme. Die jüngste Entwicklung jedoch, die die menschliche Gesellschaft nimmt, bringt derartige Veränderungen mit sich, dass sich neue Fragen erheben, denen die Kirche sich stellen muss, weil sie aufs engste mit menschlichem Leben und Glück zusammenhängen.

Neue Gesichtspunkte des Problems: die Zuständigkeit des kirchlichen Lehramtes

NEUE PROBLEMSTELLUNGEN

2. Die Veränderungen sind wirklich bedeutsam und verschiedenartig. Zunächst handelt es sich um die rasche Bevölkerungszunahme: Viele fürchten, dass die Weltbevölkerung schneller zunimmt, als die zur Verfügung stehende Nahrung es erlaubt. Dadurch wächst die Not in vielen Familien und in den Entwicklungsländern. Das kann staatliche Regierungen leicht dazu drängen, diese Gefahr mit radikalen Maßnahmen zu bekämpfen. Dazu erschweren nicht nur Arbeits- und Wohnverhältnisse, sondern auch gesteigerte Ansprüche wirtschaftlicher Art, und im Hinblick auf die Erziehung und den Unterricht der Jugend, den angemessenen Unterhalt einer größeren Zahl von Kindern.

Wir erleben auch einen gewissen Wandel in der Auffassung von der Persönlichkeit der Frau und ihrer Aufgabe in der menschlichen Gesellschaft; ebenso in der Auffassung vom Wert der Gattenliebe in der Ehe und in der Beurteilung des ehelichen Verkehrs im Hinblick auf diese Liebe.

Schließlich ist vor allem der staunenswerte Fortschritt des Menschen in der Beherrschung der Naturkräfte und deren rationaler Auswertung in Betracht zu ziehen. Diese Herrschaft sucht nun der Mensch auf sein ganzes Leben auszudehnen: auf seinen Körper, seine seelischen Kräfte, auf das soziale Leben und selbst auf die Gesetze, die die Weitergabe des Lebens regeln.

3. Diese Sachlage wirft neue Fragen auf. Wäre es nicht angebracht, angesichts der gegenwärtigen Lebensverhältnisse und der Bedeutung, die der eheliche Verkehr für die Harmonie und gegenseitige Treue der Gatten hat, die heute geltenden sittlichen Normen zu überprüfen? Zumal, wenn man erwägt, dass diese unter Umständen nur unter heroischen Opfern befolgt werden können?

Könnte nicht das so genannte Ganzheitsprinzip auf diesen Bereich angewandt werden und damit die Planung einer weniger großen, aber vernünftig geregelten Fruchtbarkeit einen physisch unfruchtbar machenden Akt in eine erlaubte und vorausschauende Geburtenlenkung verwandeln? Kann man nicht die Meinung vertreten, dass das Ziel des Dienstes an der Fortpflanzung mehr dem Eheleben als Ganzen aufgegeben sei als jedem einzelnen Akt? Man stellt auch die Frage, ob bei dem gesteigerten Verantwortungsbewusstsein des heutigen Menschen nicht die Zeit gekommen sei, wo die Weitergabe des Lebens mehr von Vernunft und freier Entscheidung bestimmt werden sollte, als von gewissen biologischen Regelmäßigkeiten.

ZUSTÄNDIGKEIT DES LEHRAMTES

4. Zweifellos forderten solche Fragen vom kirchlichen Lehramt eine neue und vertiefte Überlegung über die Prinzipien der Ehemoral, die ihre Grundlage im natürlichen Sittengesetz haben, das durch die göttliche Offenbarung erhellt und bereichert wird.

Kein gläubiger Christ wird bestreiten, dass die Auslegung des natürlichen Sittengesetzes zur Aufgabe des kirchlichen Lehramtes gehört. Denn zweifellos hat – wie Unsere Vorgänger wiederholt ausgesprochen haben[1] – Christus Jesus, als er dem Petrus und den übrigen Aposteln an seiner göttlichen Gewalt Anteil gab und sie aussandte, alle Völker zu lehren, was er uns geboten hat[2], sie zu zuverlässigen Wächtern und Auslegern des ganzen Sittengesetzes bestellt, das heißt nicht nur des evangelischen, sondern auch des natürlichen Sittengesetzes. Denn auch das natürliche Sittengesetz bringt den Willen Gottes zum Ausdruck, und dessen treue Befolgung ist ja allen Menschen zum ewigen Heil notwendig[3].

---

1 Vgl. Pius IX., Enz. Qui Pluribus, 9. Nov. 1846: Pii IX. P. M. Acta, Bd. 1, S. 9-10; Pius X., Enz. Singulari Quadam, 24. Sept. 1912: AAS 4 (1912), S. 658; Pius XI., Enz. Casti Connubii, 31. Dezember 1930: AAS 22 (1930), S. 579-581; Pius XII., Anspr. Magnificate Dominum, an den katholischen Weltepiskopat, 2. Nov. 1954: AAS 46 (1954), S. 671-672; Johannes XXIII., Enz. Mater et Magistra, 15. Mai 1961: AAS 53 (1961), S. 457.

2 Vgl. Mt 28,18-19.

3 Vgl. Mt 7,21

In Erfüllung dieses Auftrags hat sich die Kirche zu allen Zeiten, besonders oft in letzter Zeit über die Natur der Ehe, über die sittlich geordnete Inanspruchnahme der ehelichen Rechte und die Pflichten der Eheleute in übereinstimmenden Dokumenten geäußert[4].

SPEZIELLE STUDIEN

5. Im Bewusstsein dieser gleichen Aufgabe haben Wir den von Unserm Vorgänger Johannes XXIII. im März 1963 eingesetzten Ausschuss bestätigt und erweitert. Ihm gehörten außer vielen Gelehrten aus den betreffenden Fachgebieten auch Ehepaare an. Dieser Ausschuss sollte Gutachten einholen über die Fragen, die das eheliche Leben und vor allem die sittlich geordnete Geburtenregelung aufwirft; er sollte darüber hinaus die Ergebnisse seiner Studien so vorlegen, dass das kirchliche Lehramt eine, den Erwartungen nicht nur der Gläubigen, sondern auch der übrigen Welt entsprechende Antwort geben könnte[5].

Das Forschungsergebnis der Sachkundigen und die Gutachten vieler Unserer Brüder im Bischofsamt, die sie teils aus eigenem Antrieb einsandten, die teils von Uns erbeten waren, erlaubten Uns, dieses vielseitige Problem von allen Seiten aus sorgfältiger zu bedenken. Deshalb sagen Wir allen von Herzen Dank.

DIE ANTWORT DES LEHRAMTES

6. Die Folgerungen jedoch, zu denen der Ausschuss gelangt war, konnten für Uns kein sicheres und endgültiges Urteil darstellen, das Uns der Pflicht enthoben hätte, ein so bedeutsames Problem zum Gegenstand Unserer persönlichen Erwägung zu machen. Das war auch deshalb notwendig, weil es in der Vollversammlung des Ausschusses nicht zu einer vollen Übereinstimmung der

4 Vgl. Catechismus Rornanus Concilii Tridentini, II. Teil, c. CIII; Leo XIII., Enz. Arcanum, 10. Febr. 1880: Acta Leonis XIII., 2 (1881), S. 26-29; Pius XI., Enz. Divini Illius Magistri, 31. Dez. 1929: AAS 22 (1930), S. 56-61; Enz. Casti Connubii: AAS 22 (1930), S. 545-546; Pius XII., Anspr. an die italienische medizinisch-biologische Vereinigung vom hl. Lukas, 12. Nov. 1944: Anspr. und Radiobotschaften, VI, S. 191-192; An die katholische Vereinigung der Hebammen Italiens, 29. Okt. 1951: AAS 43 (1951), S. 835-854; An den Kongreß des Fronte della Famiglia und der Vereinigung der kinderreichen Familien, 28. Nov. 1951: AAS 43 (1951), S. 857-859; An den 7. Kongreß der internationalen Gesellschaft für Hämatologie, 12. Sept. 1958: AAS 50 (1958), S. 734-735; Johannes XXIII., Enz. Mater et Magistra: AAS 53 (1961), S. 446-447; Codex Iuris Canonici, c. 1067; c. 1068, § 1; c. 1076, §§ 1-2; 2. Vatikanisches Konzil, Pastoralkonstitution Gaudium et Spes, Nr. 47-52.

5 Vgl. Anspr. Paul VI. an das Kardinalskollegium, 23. Juni 1964: AAS 56 (1964), S. 588; An die Kommission zum Studium der Probleme der Bevölkerung, der Familie und der Geburten, 27. März 1965: AAS 57 (1965), S. 388; An den Nationalkongreß der italienischen Vereinigung der Hebammen und Gynäkologen, 29. Okt. 1966: AAS 58 (1966), S. 1168.

Auffassungen über die vorzulegenden sittlichen Normen gekommen war; und vor allem, weil einige Lösungsvorschläge auftauchten, die von der Ehemoral, wie sie vom kirchlichen Lehramt bestimmt und beständig vorgelegt wurde, abwichen.

Daher wollen Wir nun nach genauer Prüfung der Uns zugesandten Akten, nach reiflicher Überlegung, nach inständigem Gebet zu Gott, in Kraft des von Christus Uns übertragenen Auftrags auf diese schwerwiegenden Fragen Unsere Antwort geben.

Prinzipien der kirchlichen Lehre

GESAMTSCHAU DES MENSCHEN

7. Die Frage der Weitergabe menschlichen Lebens darf – wie jede andere Frage, die das menschliche Leben angeht – nicht nur unter biologischen, psychologischen, demographischen und soziologischen Gesichtspunkten gesehen werden. Man muss vielmehr den ganzen Menschen im Auge behalten, die gesamte Aufgabe, zu der er berufen ist; nicht nur seine natürliche und irdische Existenz, sondern auch seine übernatürliche und ewige. Da nun viele, die sich für künstliche Geburtenregelung einsetzen, sich dabei auf die Forderungen der ehelichen Liebe und der verantwortlichen Elternschaft berufen, ist es nötig, diese beiden bedeutsamen Elemente des ehelichen Lebens genauer zu bestimmen und zu beleuchten. Dabei wollen Wir vor allem auf die Pastoralkonstitution *Gaudium et spes* zurückgreifen, in der sich jüngst das 2. Vatikanische Konzil mit sehr hoher Autorität dazu geäußert hat.

DIE EHELICHE LIEBE

8. Die eheliche Liebe zeigt sich uns in ihrem wahren Wesen und Adel, wenn wir sie von ihrem Quellgrund her sehen; von Gott, der *Liebe* ist[6], von ihm, dem Vater, „nach dem alle Vaterschaft im Himmel und auf Erden ihren Namen trägt[7]".

Weit davon entfernt, das bloße Produkt des Zufalls oder Ergebnis des blinden

6 Vgl. 1 Joh 4-8.

7 Vgl. Eph 3,15.

Ablaufs von Naturkräften zu sein, ist die Ehe in Wirklichkeit vom Schöpfergott in weiser Voraussicht so eingerichtet, dass sie in den Menschen seinen Liebesplan verwirklicht. Darum streben Mann und Frau durch ihre gegenseitige Hingabe, die ihnen in der Ehe eigen und ausschließlich ist, nach jener personalen Gemeinschaft, in der sie sich gegenseitig vollenden, um mit Gott zusammenzuwirken bei der Weckung und Erziehung neuen menschlichen Lebens.

Darüber hinaus hat für die Getauften die Ehe die hohe Würde eines sakramentalen Gnadenzeichens, und bringt darin die Verbundenheit Christi mit seiner Kirche zum Ausdruck.

EIGENART DER EHELICHEN LIEBE

9. In diesem Licht wird die besondere Eigenart und Forderung der ehelichen Liebe deutlich. Es kommt sehr darauf an, dass man davon die rechte Vorstellung hat.

An erster Stelle müssen wir sie als vollmenschliche Liebe sehen; das heißt als sinnenhaft und geistig zugleich. Sie entspringt darum nicht nur Trieb und Leidenschaft, sondern auch und vor allem einem Entscheid des freien Willens, der darauf hindrängt, in Freud und Leid des Alltags durchzuhalten, ja dadurch stärker zu werden: so werden dann die Gatten ein Herz und eine Seele und kommen gemeinsam zu ihrer menschlichen Vollendung.

Weiterhin ist es Liebe, die aufs Ganze geht; jene besondere Form personaler Freundschaft, in der die Gatten alles großherzig miteinander teilen, weder unberechtigte Vorbehalte machen noch ihren eigenen Vorteil suchen. Wer seinen Gatten wirklich liebt, liebt ihn um seiner selbst willen, nicht nur wegen dessen, was er von ihm empfängt. Und es ist seine Freude, dass er durch seine Ganzhingabe bereichern darf.

Die Liebe der Gatten ist zudem treu und ausschließlich bis zum Ende des Lebens; so wie sie Braut und Bräutigam an jenem Tag verstanden, da sie sich frei und klar bewusst durch das gegenseitige eheliche Jawort aneinander gebunden haben. Niemand kann behaupten, dass die Treue der Gatten - mag sie auch bisweilen schwer werden - unmöglich sei. Im Gegenteil. Zu allen Zeiten hatte sie ihren Adel und reiche Verdienste. Beispiele sehr vieler Ehepaare im Lauf der Jahrhunderte sind der Beweis dafür: Treue entspricht nicht nur dem Wesen der Ehe, sie ist darüber hinaus eine Quelle innigen, dauernden Glücks.

Diese Liebe ist schließlich fruchtbar, da sie nicht ganz in der ehelichen Vereinigung aufgeht, sondern darüber hinaus fortzudauern strebt und neues Leben wecken will. „Ehe und eheliche Liebe sind ihrem Wesen nach auf die Zeugung und Erziehung von Nachkommenschaft ausgerichtet. Kinder sind gewiss die vorzüglichste Gabe für die Ehe und tragen zum Wohl der Eltern selbst sehr bei[8]".

VERANTWORTLICHE ELTERNSCHAFT

10. Deshalb fordert die Liebe von den Ehegatten, dass sie ihre Aufgabe verantwortlicher Elternschaft richtig erkennen. Diese Aufgabe, auf die man heute mit gutem Recht ganz besonderen Wert legt, muss darum richtig verstanden werden. Sie muss aber unter verschiedenen berechtigten, miteinander zusammenhängenden Gesichtspunkten betrachtet werden.

Was zunächst die biologischen Vorgänge angeht, bedeutet verantwortungsbewusste Elternschaft die Kenntnis und die Beachtung der mit ihnen zusammenhängenden Funktionen. So vermag der Mensch in seinen Fortpflanzungskräften die biologischen Gesetze zu entdecken, die zur menschlichen Person gehören[9].

Was dann psychologisch Trieb und Leidenschaft betrifft, so meint verantwortungsbewusste Elternschaft ihre erforderliche Beherrschung durch Vernunft und Willen.

Im Hinblick schließlich auf die gesundheitliche, wirtschaftliche, seelische und soziale Situation bedeutet verantwortungsbewusste Elternschaft, dass man entweder, nach klug abwägender Überlegung, sich hochherzig zu einem größeren Kinderreichtum entschließt, oder bei ernsten Gründen und unter Beobachtung des Sittengesetzes zur Entscheidung kommt, zeitweise oder dauernd auf weitere Kinder zu verzichten.

Endlich und vor allem hat verantwortungsbewusste Elternschaft einen inneren Bezug zur so genannten objektiven sittlichen Ordnung, die auf Gott zurückzuführen ist, und deren Deuterin das rechte Gewissen ist. Die Aufgabe verantwortungsbewusster Elternschaft verlangt von den Gatten, dass sie in Wahrung der rechten Güter- und Wertordnung ihre Pflichten gegenüber Gott, sich selbst, gegenüber ihrer Familie und der menschlichen Gesellschaft anerkennen.

Daraus folgt, dass sie bei der Aufgabe, das Leben weiterzugeben, keineswegs ihrer Willkür folgen dürfen, gleichsam als hinge die Bestimmung der sittlich gangbaren Wege von ihrem eigenen und freien Ermessen ab. Sie sind vielmehr

8 Vgl. 2. Vatikanisches Konzil, Pastoralkonstitution Gaudium et Spes, Nr. 50.

9 Vgl. S. Thom. Aqu., S. Th., I-II, qu. 94, a. 2.

verpflichtet, ihr Verhalten auf den göttlichen Schöpfungsplan auszurichten, der einerseits im Wesen der Ehe selbst und ihrer Akte zum Ausdruck kommt, den anderseits die beständige Lehre der Kirche kundtut[10].

ACHTUNG VOR DEM WESEN UND DER ZIELSETZUNG DES EHELICHEN AKTES

11. Jene Akte, die eine intime und keusche Vereinigung der Gatten darstellen und die das menschliche Leben weitertragen, sind, wie das letzte Konzil betont hat, *zu achten und zu ehren*[11]; sie bleiben auch sittlich erlaubt bei vorauszusehender Unfruchtbarkeit, wenn deren Ursache keineswegs im Willen der Gatten liegt; denn die Bestimmung dieser Akte, die Verbundenheit der Gatten zum Ausdruck zu bringen und zu bestärken, bleibt bestehen. Wie die Erfahrung lehrt, geht tatsächlich nicht aus jedem ehelichen Verkehr neues Leben hervor. Gott hat ja die natürlichen Gesetze und Zeiten der Fruchtbarkeit in seiner Weisheit so gefügt, dass diese schon von selbst Abstände in der Aufeinanderfolge der Geburten schaffen. Indem die Kirche die Menschen zur Beobachtung des von ihr in beständiger Lehre ausgelegten natürlichen Sittengesetzes anhält, lehrt sie nun, dass *jeder eheliche Akt* von sich aus auf die Erzeugung menschlichen Lebens hingeordnet bleiben muss[12].

UNTRENNBARKEIT VON LIEBENDER VEREINIGUNG UND FORTPFLANZUNG

12. Diese vom kirchlichen Lehramt oft dargelegte Lehre gründet in einer von Gott bestimmten unlösbaren Verknüpfung der beiden Sinngehalte – liebende Vereinigung und Fortpflanzung –, die beide dem ehelichen Akt innewohnen. Diese Verknüpfung darf der Mensch nicht eigenmächtig auflösen.

Seiner innersten Struktur nach befähigt der eheliche Akt, indem er den Gatten und die Gattin aufs engste miteinander vereint, zugleich zur Zeugung neuen Lebens, entsprechend den Gesetzen, die in die Natur des Mannes und der Frau eingeschrieben sind. Wenn die beiden wesentlichen Gesichtspunkte der liebenden Vereinigung und der Fortpflanzung beachtet werden, behält der Verkehr in der Ehe voll und ganz den Sinngehalt gegenseitiger und wahrer Liebe und seine Hinordnung auf die erhabene Aufgabe der Elternschaft, zu der

10 Vgl. 2. Vatikanisches Konzil, Pastoralkonstitution Gaudium et Spes, Nr. 50 und 51.

11 Vgl. 2. Vatikanisches Konzil, Pastoralkonstitution Gaudium et Spes, Nr. 49.

12 Vgl. Pius XI., Enz. Casti Connubii: AAS 92 (1930), S. 560; Pius XII., Ansprache an die katholische Vereinigung der Hebammen Italiens, 29. Okt.1951: AAS 43 (1951), S. 843.

der Mensch berufen ist. Unserer Meinung nach sind die Menschen unserer Zeit durchaus imstande, die Vernunftgemäßheit dieser Lehre zu erfassen.

TREUE ZUM SCHÖPFUNGSPLAN GOTTES

13. Man weist ja mit Recht darauf hin, dass ein dem Partner aufgenötigter Verkehr, der weder auf sein Befinden noch auf seine berechtigten Wünsche Rücksicht nimmt, kein wahrer Akt der Liebe ist, dass solche Handlungsweise vielmehr dem widerspricht, was mit Recht die sittliche Ordnung für das Verhältnis der beiden Gatten zueinander verlangt. Ebenso muss man dann auch, wenn man darüber nachdenkt, zugeben: Ein Akt gegenseitiger Liebe widerspricht dem göttlichen Plan, nach dem die Ehe entworfen ist, und dem Willen des ersten Urhebers menschlichen Lebens, wenn er der vom Schöpfergott in ihn nach besonderen Gesetzen hineingelegten Eignung, zur Weckung neuen Lebens beizutragen, abträglich ist. Wenn jemand daher einerseits Gottes Gabe genießt und anderseits – wenn auch nur teilweise – Sinn und Ziel dieser Gabe ausschließt, handelt er somit im Widerspruch zur Natur des Mannes und der Frau und deren inniger Verbundenheit; er stellt sich damit gegen Gottes Plan und heiligen Willen. Wer das Geschenk ehelicher Liebe genießt und sich dabei an die Zeugungsgesetze hält, der verhält sich nicht, als wäre er Herr über die Quellen des Lebens, sondern er stellt sich vielmehr in den Dienst des auf den Schöpfer zurückgehenden Planes. Wie nämlich der Mensch ganz allgemein keine unbeschränkte Verfügungsmacht über seinen Körper hat, so im besonderen auch nicht über die Zeugungskräfte als solche, sind doch diese ihrer innersten Natur nach auf die Weckung menschlichen Lebens angelegt, dessen Ursprung Gott ist. „Das menschliche Leben muss allen etwas Heiliges sein", mahnt Unser Vorgänger Johannes XXIII., „denn es verlangt von seinem ersten Aufkeimen an das schöpferische Eingreifen Gottes[13]."

UNERLAUBTE WEGE DER GEBURTENREGELUNG

14. Gemäß diesen fundamentalen Grundsätzen menschlicher und christlicher Eheauffassung müssen Wir noch einmal öffentlich erklären: Der direkte Abbruch einer begonnenen Zeugung, vor allem die direkte Abtreibung – auch wenn zu Heilzwecken vorgenommen –, sind kein rechtmäßiger Weg, die Zahl der Kinder zu beschränken, und daher absolut zu verwerfen[14].

13 Vgl. Johannes XXIII., Enz. Mater et Magistra: AAS 53 (1961), S. 447.

14 Vgl. Catechisrnus Romanus Concilii Tridentini, II. Teil, c. VIII; Pius XI., Enz. Casti Connubii: AAS 22 (1930), S. 562-564; Pius XII., Anspr. an die italienische medizinisch-biologische Vereinigung vom hl. Lukas, 12. Nov. 1944: Anspr. und Radiobotschaften, VI (1944), S. 191-192; Ansprache an die katholische Vereini-

Gleicherweise muss, wie das kirchliche Lehramt des öfteren dargetan hat, die direkte, dauernde oder zeitlich begrenzte Sterilisierung des Mannes oder der Frau verurteilt werden[15].

Ebenso ist jede Handlung verwerflich, die entweder in Voraussicht oder während des Vollzugs des ehelichen Aktes oder im Anschluss an ihn beim Ablauf seiner natürlichen Auswirkungen darauf abstellt, die Fortpflanzung zu verhindern, sei es als Ziel, sei es als Mittel zum Ziel[16].

Man darf, um diese absichtlich unfruchtbar gemachten ehelichen Akte zu rechtfertigen, nicht als Argument geltend machen, man müsse das Übel wählen, das als das weniger schwere erscheine; auch nicht, dass solche Akte eine gewisse Einheit darstellen mit früheren oder nachfolgenden fruchtbaren Akten und deshalb an ihrer einen und gleichen Gutheit teilhaben. Wenn es auch zuweilen erlaubt ist, das kleinere sittliche Übel zu dulden, um ein größeres zu verhindern oder um etwas sittlich Höherwertiges zu fördern[17], so ist es dennoch niemals erlaubt – auch aus noch so ernsten Gründen nicht –, Böses zu tun um eines guten Zweckes willen[18]: das heißt etwas zu wollen, was seiner Natur nach die sittliche Ordnung verletzt und deshalb als des Menschen unwürdig gelten muss; das gilt auch, wenn dies mit der Absicht geschieht, das Wohl des einzelnen, der Familie oder der menschlichen Gesellschaft zu schützen oder zu fördern. Völlig irrig ist deshalb die Meinung, ein absichtlich unfruchtbar gemachter und damit in sich unsittlicher ehelicher Akt könne durch die fruchtbaren ehelichen Akte des gesamtehelichen Lebens seine Rechtfertigung erhalten.

gung der Hebammen Italiens, 29. Okt. 1951: AAS 43 (1951), S. 842-843; S. 857-859; Johannes XXIII., Enz. Pacem in Terris, 11. April 1963: AAS 55 (1963), S. 259-260; 2. Vatikanisches Konzil, Gaudium et Spes, Nr. 51.

15 Vgl. Pius XI., Enz. Casti Connubii: AAS 22 (1930), S. 565; Dekret d. Hl. Off., 22. Februar 1940, AAS 32 (1940), S. 73; Pius XII., Ansprache an die katholische Vereinigung der Hebammen Italiens, 29. Okt. 1951: AAS 43 (1951), S. 843-844; An den 7. Kongreß der internationalen Gesellschaft für Hämatologie, 12. Sept. 1958: AAS 50 (1958), S. 734-735.

16 Vgl. Catechismus Romanus Concilii Tridentini, II. Teil, c. VIII; Pius XI., Enz. Casti Connubii: AAS 22 (1930), S. 559-561; Pius XII., An die katholische Vereinigung der Hebammen Italiens, 29. Okt. 1951: AAS 43 (1951), S. 843; AAS 45 (1953), S. 674-675; An den 7. Kongreß der internationalen Gesellschaft für Hämatologie, 12. Sept. 1958: AAS 50 (1958), S. 734-735; Johannes XXIII., Enz. Mater et Magistra: AAS 53 (1961), S. 447.

17 Vgl. Pius XII., Anspr. an den Nationalkongreß der Vereinigung kath. Juristen Italiens, 6. Dez. 1953: AAS 45 (1953), S. 798-799.

18 Vgl. Röm 3,8.

ERLAUBTHEIT THERAPEUTISCHER MITTEL

15. Die Kirche hält aber jene therapeutischen Maßnahmen, die zur Heilung körperlicher Krankheiten notwendig sind, nicht für unerlaubt, auch wenn daraus aller Voraussicht nach eine Zeugungsverhinderung eintritt. Voraussetzung dabei ist, dass diese Verhinderung nicht aus irgendeinem Grunde direkt angestrebt wird[19].

ERLAUBTE INANSPRUCHNAHME UNFRUCHTBARER PERIODEN

16. Allein dieser Lehre der Kirche über die Gestaltung der ehelichen Sittlichkeit halten einige heute entgegen, wie schon oben (Nr. 3) erwähnt, es sei Recht und Aufgabe der menschlichen Vernunft, die ihr von der Naturwelt dargebotenen Kräfte zu steuern und auf Ziele auszurichten, die dem Wohl des Menschen entsprechen. Ja, man fragt: Ist nicht in diesem Zusammenhang in vielen Situationen künstliche Geburtenregelung vernünftiger, wenn man nämlich damit mehr Frieden und Eintracht in der Familie erreichen und für die Erziehung schon lebender Kinder bessere Bedingungen schaffen kann? Auf diese Frage ist entschieden zu antworten: Die Kirche ist die erste, die den Einsatz der menschlichen Vernunft anerkennt und empfiehlt, wenn es um ein Werk geht, das den vernunftbegabten Menschen so eng mit seinem Schöpfer verbindet; aber ebenso betont sie, dass man sich dabei an die von Gott gesetzte Ordnung halten muss.

Wenn also gerechte Gründe dafür sprechen, Abstände einzuhalten in der Reihenfolge der Geburten – Gründe, die sich aus der körperlichen oder seelischen Situation der Gatten oder aus äußeren Verhältnissen ergeben –, ist es nach kirchlicher Lehre den Gatten erlaubt, dem natürlichen Zyklus der Zeugungsfunktionen zu folgen, dabei den ehelichen Verkehr auf die empfängnisfreien Zeiten zu beschränken und die Kinderzahl so zu planen, dass die oben dargelegten sittlichen Grundsätze nicht verletzt werden[20].

Die Kirche bleibt sich und ihrer Lehre treu, wenn sie einerseits die Berücksichtigung der empfängnisfreien Zeiten durch die Gatten für erlaubt hält, andererseits den Gebrauch direkt empfängnisverhütender Mittel als immer unerlaubt verwirft, auch wenn für diese andere Praxis immer wieder ehrbare und schwerwiegende Gründe angeführt werden. Tatsächlich handelt es sich um zwei ganz unter-

19 Vgl. Pius XII., Ansprache an die Teilnehmer des 26. Kongresses der italien. Gesellschaft für Urologie, 8.7.1953: AAS 45 (1953), S. 674-675; An den 7. Kongreß der internationalen Gesellschaft für Hämatologie, 12. Sept. 1958: AAS 50 (1958), S. 734-735.

20 Vgl. Pius XII., Ansprache an die katholische Vereinigung der Hebammen Italiens, 29. Okt. 1951: AAS 43 (1951), S. 846.

schiedliche Verhaltensweisen: bei der ersten machen die Eheleute von einer naturgegebenen Möglichkeit rechtmäßig Gebrauch; bei der anderen dagegen hindern sie den Zeugungsvorgang bei seinem natürlichen Ablauf. Zweifellos sind in beiden Fällen die Gatten sich einig, dass sie aus guten Gründen Kinder vermeiden wollen, und dabei möchten sie auch sicher sein. Jedoch ist zu bemerken, dass nur im ersten Fall die Gatten sich in fruchtbaren Zeiten des ehelichen Verkehrs enthalten können, wenn aus berechtigten Gründen keine weiteren Kinder mehr wünschenswert sind. In den empfängnisfreien Zeiten aber vollziehen sie dann den ehelichen Verkehr zur Bezeugung der gegenseitigen Liebe und zur Wahrung der versprochenen Treue. Wenn die Eheleute sich so verhalten, geben sie wirklich ein Zeugnis der rechten Liebe.

ERNSTE FOLGEN DER METHODEN EINER KÜNSTLICHEN GEBURTENREGELUNG

17. Verständige Menschen können sich noch besser von der Wahrheit der kirchlichen Lehre überzeugen, wenn sie ihr Augenmerk auf die Folgen der Methoden der künstlichen Geburtenregelung richten. Man sollte vor allem bedenken, wie bei solcher Handlungsweise sich ein breiter und leichter Weg einerseits zur ehelichen Untreue, anderseits zur allgemeinen Aufweichung der sittlichen Zucht auftun könnte. Man braucht nicht viel Erfahrung, um zu wissen, wie schwach der Mensch ist und um zu begreifen, dass der Mensch – besonders der Jugendliche, der gegenüber seiner Triebwelt so verwundbar ist – anspornender Hilfe bedarf, um das Sittengesetz zu beobachten, und dass es unverantwortlich wäre, wenn man ihm die Verletzung des Gesetzes selbst erleichterte. Auch muss man wohl befürchten: Männer, die sich an empfängnisverhütende Mittel gewöhnt haben, könnten die Ehrfurcht vor der Frau verlieren, und, ohne auf ihr körperliches Wohl und seelisches Gleichgewicht Rücksicht zu nehmen, sie zum bloßen Werkzeug ihrer Triebbefriedigung erniedrigen und nicht mehr als Partnerin ansehen, der man Achtung und Liebe schuldet.
Schließlich ist sehr zu bedenken, welch gefährliche Macht man auf diese Weise jenen staatlichen Behörden in die Hand gäbe, die sich über sittliche Grundsätze hinwegsetzen. Wer könnte es Staatsregierungen verwehren, zur Überwindung der Schwierigkeiten ihrer Nationen für sich in Anspruch zu nehmen, was man Ehegatten als erlaubte Lösung ihrer Familienprobleme zugesteht? Wer könnte Regierungen hindern, empfängnisverhütende Methoden zu fördern, die ihnen am wirksamsten zu sein scheinen, ja sogar ihre Anwendung allgemein vorzuschreiben, wo immer es ihnen notwendig erscheint? Auf diese Weise könnte es geschehen, dass man, um Schwierigkeiten persönlicher, familiärer oder sozialer Art, die sich aus

der Befolgung des göttlichen Gesetzes ergeben, zu vermeiden, es dem Ermessen staatlicher Behörden zugestände, sich in die ganz persönliche und intime Aufgabe der Eheleute einzumischen.

Will man nicht den Dienst an der Weitergabe des Lebens menschlicher Willkür überlassen, dann muss man für die Verfügungsmacht des Menschen über den eigenen Körper und seine natürlichen Funktionen unüberschreitbare Grenzen anerkennen, die von niemandem, sei es von einer Privatperson oder einer öffentlichen Autorität, verletzt werden dürfen. Diese Grenzen bestimmen sich einzig aus der Ehrfurcht, die dem menschlichen Leibe in seiner Ganzheit und seinen natürlichen Funktionen geschuldet wird: und zwar entsprechend den oben dargelegten Grundsätzen und dem recht verstandenen so genannten Ganzheitsprinzip, so wie es Unser Vorgänger Pius XII. erläutert hat[21].

DIE KIRCHE ALS GARANT DER WAHREN WERTE DES MENSCHEN

18. Es ist vorauszusehen, dass vielleicht nicht alle diese überkommene Lehre ohne weiteres annehmen werden. Es werden sich, verstärkt durch die modernen Kommunikationsmittel, zu viele Gegenstimmen gegen das Wort der Kirche erheben. Die Kirche aber, die es nicht überrascht, dass sie ebenso wie ihr göttlicher Stifter gesetzt ist *zum Zeichen, dem widersprochen wird*[22], steht dennoch zu ihrem Auftrag, das gesamte Sittengesetz, das natürliche und evangelische, demütig, aber auch fest zu verkünden.

Die Kirche ist ja nicht Urheberin dieser beiden Gesetze; sie kann deshalb darüber nicht nach eigenem Ermessen entscheiden, sondern nur Wächterin und Auslegerin sein; niemals darf sie etwas für erlaubt erklären, was in Wirklichkeit unerlaubt ist, weil das seiner Natur nach dem wahren Wohl des Menschen widerspricht.

Indem sie das eheliche Sittengesetz unverkürzt wahrt, weiß die Kirche sehr wohl, dass sie zum Aufbau echter menschlicher Kultur beiträgt. Darüber hinaus spornt sie den Menschen an, sich nicht seiner Verantwortung dadurch zu entziehen, dass er sich auf technische Mittel verlässt; damit sichert sie die Würde der Eheleute. Indem die Kirche so dem Beispiel und der Lehre unseres göttlichen Erlösers getreu vorgeht, zeigt sie, dass ihre aufrichtige und uneigennützige Liebe den Menschen begleitet: sie will ihm helfen in dieser Welt, dass er wirklich als Kind am Leben des lebendigen Gottes teilhat, der aller Menschen Vater ist[23].

---

21 Vgl. Pius XII., Ansprache an die Teilnehmer des 26. Kongresses der italien. Gesellschaft für Urologie, 8.7.1953: AAS 45 (1953), S. 674-675; AAS 48 (1956), S. 46l-462.

22 Vgl. Lk 2,34.

23 Vgl. Paul VI., Enz. Populorum Progressio, 26. März 1967, Nr. 21.

Seelsorgliche Richtlinien

DIE KIRCHE
ALS MUTTER UND LEHRMEISTERIN

19. Unsere Worte wären nicht der volle und deutliche Ausdruck der Gedanken und Sorgen der Kirche, der Mutter und Lehrmeisterin aller Völker, wenn sie den Menschen, die sie zur treuen Befolgung von Gottes Gebot über die Ehe auffordern, nicht auch in den schweren Situationen, unter denen heute Familien und Völker leiden, Hilfen böten bei der Durchführung einer sittlich geordneten Geburtenregelung. Die Kirche kann sich ja zu den Menschen nicht anders verhalten als unser göttlicher Erlöser: sie kennt die Schwachheit der Menschen, sie hat Erbarmen mit den Scharen, sie nimmt sich der Sünder an; sie muss aber jenes Gesetz lehren, das wirklich das Gesetz des menschlichen Lebens ist: jenes Lebens, das auf seine ursprüngliche Wahrheit zurückgeführt, von Gottes Geist bewegt wird[24].

MÖGLICHKEIT DER BEOBACHTUNG DES GÖTTLICHEN GESETZES

20. Die Verwirklichung der Lehre über die rechte Geburtenregelung, die die Kirche als Gottes Gebot selbst verkündet, erscheint zweifellos vielen schwer, ja sogar ganz unmöglich. Aber wie jedes besonders hohe und wertvolle Gut verlangt dieses Gesetz vom einzelnen Menschen, von der Familie und von der menschlichen Gesellschaft feste Entschlüsse und viele Anstrengungen. Ja, seine Befolgung ist nicht möglich ohne die helfende Gnade Gottes, die den guten Willen des Menschen stützt und stärkt. Wer aber tiefer nachdenkt wird erkennen, dass diese Anstrengungen die Würde des Menschen erhöhen und zum Wohl der menschlichen Gesellschaft beitragen.

SELBSTBEHERRSCHUNG

21. Sittlich geordnete Geburtenregelung aber verlangt von den Gatten vor allem eine volle Anerkennung und Wertschätzung der wahren Güter des Lebens und der Familie, ferner eine ständige Bemühung um allseitige Beherrschung ihrer selbst und ihres Trieblebens. Ganz sicher ist diese geistige Herrschaft über den Naturtrieb ohne Askese nicht möglich. Nur so vermag man die dem ehelichen Leben eigentümlichen Ausdrucksformen der Liebe in Einklang zu bringen

24 Vgl. Röm 8.

mit der rechten Ordnung. Das gilt besonders für jene Zeiten, in denen man Enthaltsamkeit üben muss. Solche Selbstzucht, Ausdruck ehelicher Keuschheit, braucht keineswegs der Gattenliebe zu schaden. Sie erfüllt sie vielmehr mit einem höheren Sinn für Menschlichkeit. Solche Selbstzucht verlangt zwar beständiges Sich-Mühen – ihre heilsame Kraft aber führt die Gatten zu einer volleren Entfaltung ihrer selbst und macht sie reich an geistlichen Gütern. Sie schenkt der Familie wahren Frieden und hilft, auch sonstige Schwierigkeiten zu meistern. Sie fördert bei den Gatten gegenseitige Achtung und Besorgtsein füreinander; sie hilft den Eheleuten, ungezügelte Selbstsucht, die der wahren Liebe widerspricht, zu überwinden, sie hebt bei ihnen das Verantwortungsbewusstsein für die Erfüllung ihrer Aufgaben. Sie verleiht den Eltern bei der Erziehung der Kinder eine innerlich begründete, wirkungsvollere Autorität: dementsprechend werden dann Kinder und junge Menschen mit fortschreitendem Alter zu den wahren menschlichen Werten die rechte Einstellung bekommen und die Kräfte ihres Geistes und ihrer Sinne in glücklicher Harmonie entfalten.

SCHAFFUNG EINER FÜR DIE KEUSCHHEIT GEDEIHLICHEN ATMOSPHÄRE

22. Bei dieser Gelegenheit wollen Wir die Erzieher und alle, die für das Gemeinwohl der menschlichen Gesellschaft verantwortlich sind, an die Notwendigkeit erinnern, ein Klima zu schaffen, welches geschlechtlich zuchtvolles Verhalten begünstigt. So überwindet wahre Freiheit Ungebundenheit durch Wahrung der sittlichen Ordnung.

Alle, denen der Fortschritt der menschlichen Kultur und der Schutz der wesentlichen Güter der Seele am Herzen liegt, müssen einstimmig verurteilen, was bei den modernen Massenmedien dazu beiträgt, die Sinne aufzupeitschen und Sittenverfall zu verbreiten, ebenso jede Form von Pornographie in Schrift, Wort und Darstellung. Man soll doch nicht versuchen, solche Entartung mit Berufung auf Kunst und Wissenschaft zu rechtfertigen[25] oder mit dem Hinweis auf die Freiheit, die vielleicht in diesem Bereich die staatlichen Stellen gewähren.

APPELL AN DIE STAATLICHEN BEHÖRDEN

23. Daher richten Wir das Wort an die Regierungen, denen vor allem die Verantwortung für den Schutz des Gemeinwohls obliegt und die soviel zur

25 Vgl. 2. Vatikanisches Konzil, Dekret Inter Mirifica über die sozialen Kommunikationsmittel, Nr. 6-7.

Wahrung der guten Sitten beitragen können: Duldet niemals, dass die guten Sitten eurer Völker untergraben werden; verhindert unter allen Umständen, dass durch Gesetze in die Familie, die Keimzelle des Staates, Praktiken eindringen, die zum natürlichen und göttlichen Gesetz im Widerspruch stehen. Um das Problem des Bevölkerungszuwachses zu lösen, kann und muss die staatliche Gewalt einen anderen Weg gehen: den einer weisen und vorausschauenden Familien- und Bildungspolitik, die das Sittengesetz und die Freiheit der Bürger sicherstellt.

Wir wissen sehr wohl um die Schwierigkeiten, die hier die Regierungen haben, zumal in den Entwicklungsländern. Unser Verständnis für diese begründeten Sorgen beweist Unsere Enzyklika *Populorum progressio*. Hier aber wiederholen Wir mit Unserem Vorgänger Johannes XXIII.: „Bei Behandlung und Lösung dieser Fragen darf der Mensch weder Wege gehen noch Mittel anwenden, die im Widerspruch zu seiner Würde stehen, wie sie von jenen ungescheut angeboten werden, die vom Menschen und seinem Leben rein materialistisch denken. Unserer Überzeugung nach lässt sich die Frage nur lösen, wenn beim wirtschaftlichen und gesellschaftlichen Fortschritt sowohl der einzelnen wie des ganzen Menschheitsgeschlechtes die echt menschlichen Güter und Werte geachtet und gemehrt werden[26]."

Sehr zu Unrecht würde man die göttliche Vorsehung für das verantwortlich machen, was im Gegenteil eine Folge kurzsichtiger Politik ist, mangelnden Sinns für soziale Gerechtigkeit, selbstsüchtiger Bereicherung, schließlich fauler Nachlässigkeit in der Übernahme von Anstrengungen, die ein Volk mit all seinen Bürgern zu höherem Lebensstandard führen könnten[27]. Möchten doch alle Verantwortlichen, auf die es ankommt – wie es einige schon ausgezeichnet tun –, immer wieder mit allen Kräften ans Werk gehen. Man darf nicht nachlassen im Eifer, sich innerhalb der großen Menschenfamilie gegenseitig zu helfen; hier öffnet sich, meinen Wir, ein schier unbegrenztes Betätigungsfeld für die großen überstaatlichen Einrichtungen.

AN DIE WISSENSCHAFTLER

24. Wir möchten nun Unsern Appell an die Männer der Wissenschaft richten, „die dem Wohl von Ehe und Familie und dem Frieden des Gewissens sehr dienen, wenn sie durch ihre gemeinsame wissenschaftliche Arbeit die Voraussetzungen für eine sittlich einwandfreie Geburtenregelung genauer zu

26 Vgl. Enz. Mater et Magistra: AAS 53 (1961), S. 447.

27 Vgl. Enz. Populorum Progressio, Nr. 48-55.

klären versuchen"[28]. Vor allem ist zu wünschen – was schon Pius XII. gesagt hat –, dass aufbauend auf dem Wissen um die natürlichen Zyklen die Medizin für eine sittlich geordnete Geburtenregelung sichere Grundlagen zu schaffen vermag[29]. So werden dann die Wissenschaftler – besonders die Katholiken unter ihnen – durch ihren Beitrag beweisen, dass es so ist, wie die Kirche lehrt: dass nämlich „es keinen wahren Widerspruch geben kann zwischen den göttlichen Gesetzen hinsichtlich der Übermittlung des Lebens und dem, was echter ehelicher Liebe dient[30]".

AN DIE CHRISTLICHEN EHELEUTE

25. Nun richtet sich Unser Wort insbesondere an Unsere Söhne und Töchter, besonders an diejenigen, die Gott beruft, ihm im Ehestande zu dienen. Indem die Kirche die unumstößlichen Forderungen des göttlichen Gesetzes weitergibt, verkündet sie das Heil und schließt in den Sakramenten Wege der Gnade auf: dadurch wird der Mensch eine neue Schöpfung, die in Liebe und echter Freiheit dem erhabenen Plan seines Schöpfers und Erlösers entspricht und Sinn hat für die leichte Last Christi[31].

Indem sie in Demut seiner Stimme folgen, sollen die christlichen Eheleute daran denken, dass ihre Berufung zum christlichen Leben, die in der Taufe gründet, im Sakrament der Ehe entfaltet und gefestigt wurde. So werden sie *gestärkt und gleichsam geweiht*, um ihre Aufgaben treu zu erfüllen, ihre Berufung zur Vollendung zu führen und vor der Welt das ihnen aufgetragene christliche Zeugnis geben zu können[32]. Diese Aufgabe hat der Herr ihnen anvertraut, damit sie den Menschen jenes heilige und doch milde Gesetz offenbar machen, das ihre gegenseitige Liebe und ihr Zusammenwirken mit der Liebe Gottes, des Urhebers menschlichen Lebens, innig vereint.

Dass für das Leben christlicher Eheleute bisweilen ernste Schwierigkeiten auftreten, leugnen Wir keineswegs: denn wie für jeden von uns ist auch für sie

28 Vgl. 2. Vatikanisches Konzil, Pastoralkonstitution Gaudium et Spes, Nr. 52.

29 Vgl. Pius XII., Ansprache an den Kongreß des Fronte della Famiglia und der Vereinigung der kinderreichen Familien: AAS 43 (1951), S. 859.

30 Vgl. 2. Vatikanisches Konzil, Pastoralkonstitution Gaudium et Spes, Nr. 51.

31 Vgl. Mt 11,30.

32 Vgl. 2. Vatikanisches Konzil, Pastoralkonstitution Gaudium et Spes, Nr. 48; Dogm. Konst. Lumen Gentium, Nr. 35.

„die Pforte eng und schmal der Weg, der zum Leben führt[33]". Dennoch wird die Hoffnung auf dieses Leben wie ein hellstrahlendes Licht ihren Weg erleuchten, wenn sie tapferen Sinnes bemüht sind, „nüchtern, gerecht und gottesfürchtig in dieser Welt zu leben[34]", wohl wissend, dass „die Gestalt dieser Welt vergeht[35]". Deshalb sollen die Eheleute die ihnen auferlegten Opfer bereitwillig auf sich nehmen, gestärkt durch den Glauben und die Hoffnung, die „nicht zuschanden werden lässt: Denn die Liebe Gottes ist ausgegossen in unsere Herzen durch den Heiligen Geist, der uns gegeben ward[36]". Sie sollen ferner in inständigem Gebet die Hilfe Gottes erflehen und vor allem aus der immer strömenden Quelle der Eucharistie Gnade und Liebe schöpfen. Sollten aber Sünden ihren Weg hemmen, dann mögen sie nicht den Mut verlieren, sondern demütig und beharrlich zur Barmherzigkeit Gottes ihre Zuflucht nehmen, die ihnen im Bußsakrament in reichem Maße geschenkt wird. So können die Eheleute zu der ihnen als Gatten eigenen Vollkommenheit kommen, wie der Apostel sie kennzeichnet: „Ihr Männer, liebet eure Frauen, wie Christus die Kirche geliebt hat ... So sollen die Männer ihre Frauen lieben wie ihren eigenen Leib. Wer seine Frau liebt, liebt sich selbst. Hat doch niemand je sein eigenes Fleisch gehasst, sondern er hegt und pflegt es wie Christus seine Kirche ... Dieses Geheimnis ist groß: ich meine im Hinblick auf Christus und die Kirche. Wohlan, so liebe jeder von euch seine Frau ebenso wie sich selbst; die Frau aber stehe in Ehrfurcht zum Manne[37]."

FAMILIENAPOSTOLAT

26. Eine der edelsten Früchte, die aus dem unentwegten Bemühen der Eheleute um die Befolgung des göttlichen Gesetzes heranreift, ist der häufige Wunsch der Eheleute, andere an ihrer Erfahrung teilhaben zu lassen. So fügt sich dem weiten Bereich der Laienberufung ein neues Apostolat ausgezeichneter Art ein: der Dienst jener aneinander, die in gleicher Situation stehen: die Eheleute übernehmen für andere Eheleute, denen gegenüber sie sich als Führer erweisen, eine apostolische Aufgabe. Das scheint heute eine besonders zeitgemäße Form des Apostolates zu sein[38].

33 Mt 7,14; vgl. Hebr 12,11.

34 Vgl. Tit 2,12.

35 Vgl. 1 Kor 7,31.

36 Vgl. Röm 5,5.

37 Eph 5,25.28-29.32-33.

38 Vgl. Dogm. Konst. Lumen Gentium, Nr. 35 und 41; Pastoralkonstitution Gaudium et Spes, Nr. 48-49; 2. Vatikanisches Konzil, Dekret Apostolicam Actuositatem, Nr. 11.

AN DIE ÄRZTE UND IHRE HELFER

27. Große Hochachtung zollen Wir den Ärzten und ihren Helfern, die in der Ausübung ihres Berufes mehr darauf schauen, was ein christliches Berufsethos von ihnen fordert als auf rein menschliche Interessen. Sie mögen beharrlich bei dem Vorsatz bleiben, sich für die Lösungen einzusetzen, die dem Glauben und der Vernunft entsprechen. Sie mögen sich auch bemühen, ihre Berufskollegen für die gleiche Einstellung zu gewinnen. Zudem sollen sie es als besondere Aufgabe ihres Berufes betrachten, sich das notwendige Wissen zu erwerben, um in diesem schwierigen Bereich Eheleute, die zu ihnen kommen, recht beraten und ihnen verantwortbare Wege zeigen zu können, wie es mit Fug und Recht von ihnen erwartet wird.

AN DIE PRIESTER

28. Liebe Priester, liebe Söhne! Durch euren heiligen Beruf seid ihr Berater und geistliche Führer der einzelnen Menschen wie der Familien.
Voll Vertrauen möchten Wir Uns an euch wenden. Eure Pflicht ist es ja – Unser Wort gilt besonders den Lehrern der Moraltheologie –, die kirchliche Ehelehre unverfälscht und offen vorzulegen. Gebt an erster Stelle ihr bei der Ausübung eures Amtes das Beispiel aufrichtigen Gehorsams, der innerlich und nach außen dem kirchlichen Lehramt zu leisten ist. Wie ihr wohl wisst, verpflichtet euch dieser Gehorsam nicht so sehr wegen der beigebrachten Beweisgründe, als wegen des Lichtes des Heiligen Geistes, mit dem besonders die Hirten der Kirche bei der Darlegung der Wahrheit ausgestattet sind[39]. Ihr wisst auch, dass es zur Wahrung des inneren Friedens der einzelnen und der Einheit des christlichen Volkes von größter Bedeutung ist, dass in Sitten- wie in Glaubensfragen alle dem kirchlichen Lehramt gehorchen und die gleiche Sprache sprechen. Deshalb machen Wir Uns die eindringlichen Worte des großen Apostels Paulus zu eigen und appellieren erneut an euch aus ganzem Herzen: „Ich ermahne euch, Brüder, ... dass Ihr alle in Eintracht redet; keine Parteiungen soll es unter euch geben, vielmehr sollt ihr im gleichen Sinn und in gleicher Überzeugung zusammenstehen[40]."

39 Vgl. Dogm. Konst. Lumen Gentium, Nr. 25.

40 Vgl. 1 Kor 1,10.

29. Ferner, wenn nichts von der Heilslehre Christi zu unterschlagen eine hervorragende Ausdrucksform der Liebe ist, so muss dies immer mit Duldsamkeit und Liebe verbunden sein; dafür hat der Herr selbst durch sein Wort und Werk den Menschen ein Beispiel gegeben. Denn obwohl er gekommen war; nicht um die Welt zu richten, sondern zu retten[41], war er zwar unerbittlich streng gegen die Sünde, aber geduldig und barmherzig gegenüber den Sündern.

Bei ihren Schwierigkeiten und Nöten sollten die Eheleute im Wort und im mitfühlenden Herzen des Priesters ein Echo der Stimme und der Liebe unseres Erlösers finden.

Redet mit Zuversicht, liebe Söhne, überzeugt, dass der Heilige Geist, welcher dem Lehramt bei der Darlegung der rechten Lehre beisteht, die Herzen der Gläubigen erleuchtet und sie zur Zustimmung einlädt. Es geht nicht ohne Gebet. Lehrt es die Eheleute; unterweist sie, dass sie oft, mit großem Glauben, zu den Sakramenten der Eucharistie und der Buße kommen und niemals wegen ihrer Schwachheit den Mut verlieren.

AN DIE BISCHÖFE

30. Liebe und ehrwürdige Brüder im Bischofsamt! Am Ende dieses Rundschreibens wenden Wir Uns in Ehrerbietung und Liebe an euch. Mit euch teilen Wir besonders eng die Sorgen um das geistliche Wohl des Gottesvolkes. An euch richtet sich Unsere dringende Bitte: Setzt euch, an der Spitze eurer Mitarbeiter, der Priester, und eurer Gläubigen restlos und unverzüglich ein für Schutz und Heiligkeit der Ehe; dafür, dass damit das Leben in der Ehe zu menschlicher und christlicher Vollendung kommt. Das sollt ihr als die größte und verantwortungsvollste Aufgabe ansehen, die euch heute anvertraut ist. Ihr wisst sehr wohl, dass dieser Hirtendienst eine gewisse Abstimmung der pastoralen Bemühungen aufeinander erfordert, die alle Bereiche menschlichen Tuns umfasst: den wirtschaftlichen, den der Bildung und den gesellschaftlichen. Gleichzeitiger Fortschritt auf allen diesen Gebieten wird das Leben von Eltern und Kindern in der Familie erträglicher, leichter und froher machen. Bei ehrfürchtiger Wahrung von Gottes Plan mit der Welt wird auch das Leben der menschlichen Gesellschaft durch brüderliche Liebe reicher und durch wahren Frieden gesicherter werden.

41 Vgl. Joh 3,17.

Schlusswort

31. Euch, ehrwürdige Brüder, liebe Söhne und Töchter, und euch alle, Menschen guten Willens, rufen Wir auf zu einem wahrhaft großen Werk der Erziehung und des Fortschritts und der Liebe. Wir stützen Uns dabei auf die feste Lehre der Kirche, die der Nachfolger des heiligen Petrus, gemeinsam mit den Brüdern im katholischen Bischofsamt, treu bewahrt und auslegt. Dieses wahrhaft große Werk, davon sind Wir fest überzeugt, gereicht sowohl der Welt wie der Kirche zum Segen. Nur wenn der Mensch sich an die von Gott in seine Natur eingeschriebenen und darum weise und liebevoll zu achtenden Gesetze hält, kann er zum wahren, sehnlichst erstrebten Glück gelangen. Für dieses große Werk erflehen Wir nicht nur euch allen, sondern besonders den Eheleuten, vom allheiligen und allbarmherzigen Gott die Fülle himmlischer Gnade und erteilen euch als deren Unterpfand von Herzen Unseren Apostolischen Segen.

ROM, BEI ST. PETER, AM 25. JULI, AM FEST DES HEILIGEN APOSTELS JAKOBUS 1968,
IM SECHSTEN JAHRE UNSERES PONTIFIKATS. PAPST PAUL VI.

Der lateinische Text von „Humanae vitae" findet sich in: Acta Apostolicae Sedis 60 (1968) 481-503.
Der deutsche Text der Enzyklika Humanae vitae findet sich im Internet unter folgendem Link: http: www.stjosef.at/dokumente/humanae_vitae.htm

Kleine Chronologie zur Fragestellung von „Humanae Vitae"

CHRISTOPH CASETTI

4 Kleine Chronologie zur Fragestellung von „Humanae vitae"

CHRISTOPH CASETTI

1842 Der Mediziner Felix Archimed Pouchet versucht, die Theorie von der periodischen Fruchtbarkeit zu begründen. Fast gleichzeitig tut dies auch der Naturforscher und Mediziner Th. L. W. Bischoff in Giessen (1843). (Vgl. Knaus, Die Physiologie der Zeugung des Menschen, 1953, 405).

1880 Die Kirche erlaubt die Anwendung des Wissens um fruchtbare und unfruchtbare Phasen im weiblichen Zyklus beim Vollzug der Ehe. (Vgl. DH, Nr. 3148) Wörtlich heißt es: „Ehepaare, die diesen Weg gehen, sollen nicht beunruhigt werden und der Beichtvater könne auch – mit aller Vorsicht – („caute tamen") auf diesen Weg hinweisen!" Vom ersten Nachdenken an, dass es diese Zeitwahl geben könnte, stand die Kirche positiv dazu. Diese Entscheidung war später wichtig zur sittlichen Beurteilung der Methode „Knaus-Ogino".

1923 Der Japaner Ogino veröffentlicht seine Berechnungsmethode; Sie erscheint 1932 in deutscher Übersetzung.

1929 Der Österreicher Hermann Knaus publiziert seine Berechnungsmethode, die er ein Jahr zuvor auf dem Gynäkologenkongress in Leipzig zum ersten Mal vorstellte. Die Methode Knaus-Ogino wird auch Kalendermethode genannt.

1930 Die Lambeth-Konferenz der anglikanischen Kirche entscheidet, dass künstliche Verhütungstechniken bei Vorliegen ernster Gründe akzeptabel seien. Bis zu diesem Zeitpunkt waren sich alle christlichen Konfessionen in der Ablehnung der Empfängnisverhütung einig. (Neuer in: Süssmuth, 1067f.)

1930 Am 31. Dezember erscheint die Enzyklika *Casti connubii* von Papst Pius XI. Der Papst verurteilt die Empfängnisverhütung. Davon nicht betroffen ist die Natürliche Empfängnisregelung: „Jene Eheleute handeln nicht wider die Natur, die in ganz natürlicher Weise von ihrem Recht Gebrauch machen, obwohl aus ihrem Tun infolge natürlicher Umstände, seien es bestimmte Zeiten oder gewisse Mängel der Anlage, neues Leben nicht entstehen kann." (http://www.stjosef.at/dokumente/casti_connubii.htm)

1935 Der katholische Pfarrer Wilhelm Hillebrand lässt Frauen die Temperatur messen, um den Zeitpunkt des Eisprungs besser bestimmen zu können. Er „hat in einer Zeit, in der die Schulmedizin der Lehre von der periodischen Fruchtbarkeit der Frau ablehnend, zumindest skeptisch gegenüberstand, an sie geglaubt; er hat sich bemüht, sie in der Eheberatung nutzbar zu machen, vor allem aber hat er wohl als Erster erkannt, welche Bedeutung und welche Stellung die Aufwachtemperatur in der Beratung haben kann und soll. Als Döring 1950 erstmalig in Deutschland über Beobachtungen an 65 fruchtbaren Frauen innerhalb von 526 Zyklen berichtete, konnte ihm Wilhelm Hillebrand einen Teil des Materials zur Verfügung stellen." (K. G. Ober, Dr. med. h.c. Wilhelm Hillebrand, in: Geburtshilfe und Frauenheilkunde 20 (1960) 188–192)

1951 Am 29. Oktober hält Papst Pius XII. eine Ansprache an die Teilnehmer des Kongresses der Katholischen Hebammen Italiens über Mutterschaft und Geburtenregelung. Der Papst spricht sich für die Erlaubtheit der Beobachtung der unfruchtbaren Tage aus mit der Begründung: „Derselbe Schöpfer, der sich in seiner Güte und Weisheit zur Erhaltung des Menschengeschlechtes des Zusammenwirkens von Mann und Frau bedient, die er zur Ehe verbindet, hat es auch so eingerichtet, dass die Ehegatten in der geschlechtlichen Funktion eine Lust und Glückseligkeit in Körper und Geist empfinden. Die Ehegatten tun daher nichts Schlechtes, wenn sie diese Lust suchen und genießen. Sie nehmen nur entgegen, was ihnen der Schöpfer bestimmt hat". (Vgl. Hrsg. J. Miller, Der Papst über die Ehe, Innsbruck 1959)

1951 Am 26. November hält Pius XII. eine Ansprache an die Teilnehmer des Kongresses der *Front der Familie* über die „Heiligkeit des keimenden

Lebens". Darin sagt er: „Andererseits fühlt die Kirche Teilnahme und Verständnis für die wirklichen Schwierigkeiten des Ehelebens in unserer heutigen Zeit. Deswegen haben Wir in Unserer letzten Ansprache über die Ehemoral die Berechtigung und zugleich die tatsächlich weitgesteckten Grenzen für eine Regulierung der Nachkommenschaft herausgestellt, die – im Gegensatz zur sogenannten *Geburtenkontrolle* – mit dem Gesetz Gottes vereinbar ist. Man kann sogar hoffen – doch überlässt hier die Kirche das Urteil natürlich der medizinischen Wissenschaft –, dass es gelingt, diesem erlaubten Verhalten eine genügend sichere Grundlage zu geben, und die neuesten Berichte scheinen eine solche Hoffung zu bestätigen." (Vgl. Hrsg. J. Miller, Der Papst über die Ehe, Innsbruck 1959) Diese Aussage des Papstes geht auf die ersten Erfahrungen des österreichischen Arztes Dr. Josef Rötzer und seiner Frau Margareta zurück. (Mitteilung E. Rötzer)

1951 Mit Gregory Pincus und John Rock entwickelt Carl Djerassi 1951 die erste Anti-baby-pille. (http://de.wikipedia.org/wiki/Carl_Djerassi)

1960 Die erste Anti-Baby-Pille kommt auf den amerikanischen Markt. „Sie wurde von Pincus konzipiert, in Costa Rica und Haiti getestet und dann in den Handel gebracht." (Ehmann, Probleme der Geburtenregelung, 1990)

1962 Nach 11-jährigen Studien veröffentlicht der Arzt Dr. Josef Rötzer aus Österreich eine Möglichkeit der Kombination von Aufwachtemperatur, Mittelschmerz und Zervixschleim (sympto-thermale Methode). (Geburtenbeschränkung – medizinisch gesehen, in: „Ehe und Familie". Moderne Ehe und Kinderzahl. Schriftenreihe des katholischen Familienverbandes, Broschüre 15 (1962) 55-72.

1964 Auf Initiative des Ulmer Arztes Dr. Siegfried Ernst protestieren über 400 Ärzte mit der „Ulmer Denkschrift" gegen die Propagierung der Anti-Baby-Pille. (http://www.humanae-vitae.de/artikel/ulmer.htm)

1964 Nach 11-jährigen Studien veröffentlicht der Arzt Dr. John Billings in Melbourne (Australien) seine erste Bearbeitung der Ovulationsmethode zur natürlichen Empfängnisregelung. (J. J. Billings, The Ovulation Method, Melbourne 1964)

(1962)–1965: II. Vatikanisches Konzil

1965 Die pastorale Konstitution über die Kirche in der Welt von heute *Gaudium et Spes* (GS) wird am 7. Dezember feierlich verkündet. In der Nr. 50 geht es um die Kinderzahl: „Das Urteil darüber müssen die Eheleute nach den Kriterien der Verantworteten Elternschaft selbst fällen. In ihrem ganzen Verhalten seien sich die christlichen Eheleute bewusst, dass sie nicht nach ihrer Willkür vorgehen dürfen, sondern sich bestimmen lassen müssen durch ein Gewissen, das sich am göttlichen Gesetz ausrichten muss, hörend auf das Lehramt der Kirche, das dieses Göttliche Gesetz im Licht des Evangeliums authentisch auslegt". (http://www.stjosef.at/konzil/GS.htm) (Zu den Kriterien der Verantworteten Elternschaft siehe den Beitrag auf S. 107 ff.) In der Nr. 51 geht es um die Methode der Empfängnisregelung: „Von den Prinzipien (der wahren ehelichen Liebe) ist es den Kindern der Kirche nicht erlaubt, in der Geburtenregelung Wege zu beschreiten, die das Lehramt in Auslegung des göttlichen Gesetzes verbietet". Die Methode obliegt objektiven Kriterien, die sich aus der Natur der menschlichen Person ergeben. (http://www.stjosef.at/konzil/GS.htm) (Zur Zuverlässigkeit der Natürlichen Methoden siehe S. 105)

1965 Dr. med. Josef Rötzer veröffentlicht in seinem Buch *Kinderzahl und Liebesehe* die erste Darstellung der sympto-thermalen Methode für eine natürliche Empfängnisregelung. Zu seinen Forschungen fühlte er sich durch Papst Pius XII. sehr ermutigt.

1965 Die ACOG veröffentlicht folgende Definition: „Empfängnis (Konzeption) ist die Einnistung einer befruchteten Eizelle" in der Gebärmutter. Damit wurden die ersten 14 Tage nach der Befruchtung schutzlos. Mit dieser Frist kann nun der Einsatz von frühabtreibenden Mitteln sowie der Embryo-Verbrauch in der Invitro-Fertilisation gerechtfertigt werden. Noch 1963 war in den USA Abtreibung definiert worden als jegliche

Maßnahme, welche die Lebensfähigkeit des gezeugten Menschen „zu jeder Zeit zwischen dem Augenblick der Befruchtung und der Beendigung der Geburt" beeinträchtigen. (American College of Obstetrics and Gynecology, Terminology Bulletin, *Terms Used in Reference to the Fetus*, Chicago: ACOG, September 1965; vgl. Ehmann, in: Süssmuth, 100)

1965 A. Klopper weist darauf hin, dass die „Pille" nicht immer den Eisprung unterdrückt, sondern auch die Einnistung des Embryos verhindern kann. Sie kann also auch frühstabtreibend wirken. (Ehmann, in: Süssmuth, 85)

1968 Am 25. Juli erscheint die *Enzyklika Humanae Vitae* (HV). (Die Enzyklika im Wortlaut findet sich auf Seite 27 ff.) Der entscheidende Passus ist in der Nr. 11 zu finden: „Jeder Akt muss von sich aus auf die Erzeugung menschlichen Lebens hingeordnet bleiben". Gott hat die natürlichen Gesetze und Zeiten der Fruchtbarkeit in seiner Weisheit gefügt. Was Gott verbunden hat, darf der Mensch nicht trennen. Unerlaubte Wege der Geburtenregelung sind direkte, dauernde oder zeitlich begrenzte Sterilisierung. Jeder absichtlich unfruchtbar gemachte eheliche Akt ist unerlaubt.

1968 Am 30. August erscheint die sogenannte *„Königsteiner-Erklärung"* der westdeutschen Bischöfe. (http://www.dbk.de/schriften/data/01379/index.html) Die westdeutschen Bischöfe, unter der Leitung von *Kardinal Julius Döpfner*, möchten zur seelsorglichen Lage nach dem Erscheinen der Enzyklika *Humanae vitae* Stellung nehmen.

Die Erklärung hat vier Teile:

1. *Der erste Teil behandelt das Rundschreiben selber. Als Motive für die Enzyklika weist die Erklärung auf die neuen Fragestellungen hin, die nach einer Antwort rufen. In wenigen Sätzen fasst sie den Inhalt des*

Schreibens zusammen. Zur Autorität von Enzykliken sagen die Bischöfe, dass die Gläubigen dem Lehramt den religiösen Gehorsam des Willens und Verstandes zu leisten haben. Sie stufen das Lehrschreiben als nicht unfehlbar ein und fügen deshalb hinzu: „Wer glaubt, in seiner privaten Theorie und Praxis von einer nicht unfehlbaren Lehre des kirchlichen Amtes abweichen zu dürfen – ein solcher Fall ist grundsätzlich denkbar –, muss sich nüchtern und selbstkritisch in seinem Gewissen fragen, ob er dies vor Gott verantworten kann."

2. *Im zweiten Teil geht es um die Situation in Deutschland. Zunächst versuchen die Bischöfe das zwiespältige Echo, das die Enzyklika hervorgerufen hat, zu erklären. Die neuen Fragestellungen und Gesichtspunkte seien in Deutschland auch schon bekannt gewesen. Sie seien diskutiert worden und hätten bereits Auswirkungen auf die Seelsorge gehabt. Wörtlich heißt es dann: „Die Methoden der Verwirklichung verantwortlicher Elternschaft wurden vielfach dem verantwortungsbewussten Gewissensurteil der Eheleute überlassen, ohne dass dabei dem Ungehorsam gegen die Kirche, dem Subjektivismus oder der Willkür das Wort geredet wurde. So ist es verständlich, dass viele Priester und Laien vom Heiligen Vater eine andere Entscheidung erwartet hatten." ... „Bei vielen Priestern und Laien, die ebenso in Liebe zur Kirche stehen wollen, herrscht große Ratlosigkeit. Sie leiden nicht nur unter den Schwierigkeiten, diese Lehre zu leben oder in die seelsorgliche Praxis umzusetzen. Sie haben vielfach auch ernste Gewissensbedenken, die in der Enzyklika ausgesprochenen Verpflichtungen zu bejahen und zu vertreten." Auch wenn die Kritik an der Enzyklika teilweise ungerecht sei, könne die Auseinandersetzung doch zu einem heilsamen Läuterungsprozess werden.*
3. *Der dritte Teil geht auf die Fragen an die Bischöfe ein, in denen gegensätzliche Erwartungen enthalten sind. Die einen erhoffen sich von den Bischöfen eine Bestätigung der päpstlichen Lehre. Die anderen wiederum möchten in ihrer Gewissensnot ernst genommen werden. Erste Orientierungen einzelner Bischöfe an Seelsorger und Gemeinden seien bereits veröffentlicht worden. Die Bischöfe unterstreichen, dass die Enzyklika nicht die ganze Lehre der Kirche über die Ehe und ihre Gestaltung enthalte. Die Kritik sei dem Rundschreiben in seinen Anliegen nicht immer gerecht geworden.*
4. *Der vierte Teil trägt die Überschrift Forderungen und Hinweise. Zunächst steht jeder Katholik vor der Forderung, diese Lehre anzunehmen. Andererseits haben viele, wie sie meinen, begründete Bedenken gegen die Lehre der Enzyklika bezüglich der Methoden der Geburtenregelung. Sie*

handeln abweichend von dieser Lehre und berufen sich dabei auf ihre Gewissensentscheidung. Diesen sagen die Bischöfe: „Wer glaubt, so denken zu müssen, muss sich gewissenhaft prüfen, ob er – frei von subjektiver Überheblichkeit und voreiliger Besserwisserei – vor Gottes Gericht seinen Standpunkt verantworten kann. Im Vertreten dieses Standpunktes wird er Rücksicht nehmen müssen auf die Gesetze des innerkirchlichen Dialogs und jedes Ärgernis zu vermeiden trachten. Nur wer so handelt, widerspricht nicht der recht verstandenen Autorität und Gehorsamspflicht. Nur so dient auch er ihrem christlichen Verständnis und Vollzug." Dabei gehört zu den unbezweifelbaren Wahrheiten, dass die Ehe als ganze unter dem Gesetz Christi steht. Die Frage der Geburtenregelung darf nicht der Willkür der Ehepartner überlassen werden. „Die Antwort darauf muss von ihnen in gewissenhafter Prüfung nach objektiven Normen und Kriterien gesucht und gefunden werden. Der konkrete Weg einer verantwortlichen Elternschaft darf weder die Würde der menschlichen Person verletzen, noch die Ehe als Gemeinschaft fruchtbarer Liebe gefährden." Die Veröffentlichung der Enzyklika hat viele Fragen im Hinblick auf die Ehe ausgelöst, welche einer Klärung bedürfen. Deshalb wünschen die Bischöfe eine weiterführende Aussprache. „Dieses Gespräch verlangt ein eingehendes Studium der Enzyklika und ihrer Themen. Wir hoffen, dass sich an diesem Gespräch viele beteiligen. Dazu laden wir neben den Eheleuten selbst vor allem jene ein, die durch ihre Tätigkeit dieser Aufgabe besonders verbunden sind, zumal die Theologen, die Männer und Frauen, die in der Arbeit an Ehe und Familie und in der Erwachsenenbildung stehen, die Priester- und Seelsorgeräte, die Gremien der Laienarbeit und die katholischen Publizisten. Sie alle sollen als verantwortliche Glieder des Volkes Gottes unter der Leitung des Lehramtes zur Klärung dieser schwierigen Fragen beitragen. Bei diesem Gespräch bedarf die Kirche der Hilfe der wissenschaftlichen Forschung, besonders der Anthropologie, der Medizin und der Sozialwissenschaften." Den Bischöfen ist die Bildung eines selbständigen Gewissens wichtig. Die Seelsorger werden angehalten, „in ihrem Dienst, insbesondere in der Verwaltung der heiligen Sakramente, die verantwortungsbewusste Gewissensentscheidung der Gläubigen zu achten". Die Königsteiner Erklärung schließt mit dem Appell an alle Verheirateten, ihre Ehe als christlichen Heilsstand zu leben. „Hier handelt es sich nicht allein um die rechte Ordnung einzelner Akte, sondern um die Aufgabe, mehr und mehr von sich selbst abzusehen, um sich mehr und mehr dem anderen hingeben zu können. So wird das Gesetz Christi und damit das innerste Gesetz des christlichen Lebens erfüllt."

1968 Auf Initiative des Erzbischofs von Berlin Kardinal Alfred Bengsch veröffentlicht die Berliner Ordinarienkonferenz für den Bereich der Kirche in der DDR am 10. September eigene „Hinweise zur pastoralen Besinnung nach der Enzyklika *Humanae Vitae*". Ihr Grundanliegen ist ein unzweideutiges Bekenntnis zum Inhalt der Enzyklika. Der Kardinal fühlt sich dazu verpflichtet, weil er keinen Einfluss auf die Formulierung der Königsteiner Erklärung nehmen konnte. (http://www.stjosef.at/dokumente/kardinal_bengsch_humanae_vitae.htm)

1968 Der Ökumenische Patriarch Athenagoras I. von Konstantinopel bestätigt ausdrücklich, dass Papst Paul VI. die authentische, einzig mögliche christliche Lehre dargelegt habe: „Ich gehe ganz einig mit dem Papst. Paul VI. konnte sich nicht anders äußern. Er hat das Evangelium in den Händen und will das Moralgesetz, das Dasein der Familie und der Völker retten. Ich bin mit dem Papst an seiner Seite in allen seinen Akten, seinen Worten und seinem Programm." (Vgl. Herder Korrespondenz 22 (1968/9) 403).

1968 21 in Amsterdam versammelte europäische Theologen wenden sich in einer Erklärung gegen die Enzyklika. (Bündner Tagblatt vom 24.09.1968)

1968 Am 22. September erscheint die sogenannte *„Maria-Troster-Erklärung"* der österreichischen Bischöfe. (www.stjosef.at/dokumente/oesterreichische_bischofserklaerungen_humanae_vitae.htm) Anlass der Erklärung ist das weltweite Echo, welches die Enzyklika ausgelöst hat. Angesichts der nicht wenigen Missverständnisse möchten die Bischöfe unter der Leitung von Kardinal Franz König ein klärendes und hoffentlich hilfreiches Wort sagen.

1. *In einem ersten Abschnitt fassen die Bischöfe das vom Papst skizzierte Leitbild der Ehe zusammen, dem sie zustimmen. Sie weisen*

auf den doppelten Sinngehalt der Ehe hin, die personale Liebe zwischen den Gatten und die Weitergabe des Lebens. Dabei unterstreichen sie die eigene Verantwortung der Eltern, die Zahl ihrer Kinder zu bestimmen. Zur erlaubten Geburtenregelung dürfen sie das Mittel der Zeitwahl anwenden, das heißt die fruchtbaren und die unfruchtbaren Phasen des weiblichen Zyklus beachten.

2. *Der zweite Abschnitt behandelt die Tragweite dieser päpstlichen Botschaft. Zunächst weisen die Bischöfe darauf hin, dass die Gläubigen gegenüber dem authentischen Lehramt der Kirche zum religiösen Gehorsam des Willens und Verstandes verpflichtet sind. Die Gewissensfreiheit gibt es nur im Zusammenhang mit der Gewissensbildung, bei welcher sich die Gläubigen am Lehramt der Kirche zu orientieren haben. In Bezug auf die Enzyklika fahren sie dann wörtlich fort: „Da in der Enzyklika kein unfehlbares Glaubensurteil vorliegt, ist der Fall denkbar, dass jemand meint, das lehramtliche Urteil der Kirche nicht annehmen zu können. Auf diese Frage ist zu antworten: Wer auf diesem Gebiet fachkundig ist und durch ernste Prüfung, aber nicht durch affektive Übereilung zu dieser abweichenden Überzeugung gekommen ist, darf ihr zunächst folgen. Er verfehlt sich nicht, wenn er bereit ist, seine Untersuchung fortzusetzen und der Kirche im übrigen Ehrfurcht und Gehorsam entgegenzubringen. Klar bleibt jedoch, dass er in einem solchen Fall nicht berechtigt ist, mit dieser seiner Meinung unter seinen Glaubensbrüdern Verwirrung zu stiften."*
3. *Im dritten Abschnitt folgen praktische Richtlinien. Die Bischöfe erinnern zunächst daran, dass zu therapeutischen Zwecken andere Mittel als die Zeitwahl angewendet werden dürfen. Sie scheinen dabei von der irrigen Meinung auszugehen, dass die natürliche Empfängnisregelung nur bei einem regelmäßigen Monatszyklus anwendbar sei. Dann kommen Sie auf die Schuldfrage zu sprechen. Wer sich gegen die Lehre der Enzyklika verfehlt, begeht nicht in jedem Fall eine schwere Sünde „und darf auch ohne Beichte zur heiligen Kommunion hinzutreten". Der grundsätzliche Ausschluss der Nachkommenschaft aus egoistischen Gründen sowie „jede Art direkter Schwangerschaftsunterbrechung" sind schwer sündhaft. Schließlich bitten die Bischöfe alle Betroffenen, sich um die Klärung der noch offenen Fragen zu bemühen. Sie danken dem Papst dafür, „dass er im Geiste des Konzils dieses christliche Eheideal so leuchtend uns vor Augen gestellt hat". Ebenso danken sie allen christlichen Eheleuten „für den Dienst an der Kirche, den sie durch tägliches Annehmen ihrer Ehepartner und durch verantwortungsbewusste Bejahung des Kindes leisten". Die Erklärung endet mit einem Hinweis auf die positive Würdigung der Enzyklika durch den nicht katholischen Präsidenten der Schweizerischen Ärztevereinigung.*

1968 Am 11. Dezember erscheint in Solothurn die *Erklärung der Schweizerischen Bischöfe* zur Enzyklika *Humanae vitae*. Präsident der Konferenz ist der Churer Bischof Johannes Vonderach. (Vgl. Schweizerischen Kirchenzeitung 51/1968)

Sie hat drei Abschnitte:

1. *Im ersten Abschnitt behandeln die Bischöfe die Veranlassung ihrer Stellungnahme. Sie sind vom Papst eingeladen worden, die Lehre der Enzyklika den Gläubigen darzulegen. Nach reiflichem Nachdenken möchten sie aber auch allen eine Antwort geben, die „bereit sind, auf den Anruf Gottes in dieser Zeit ehrlich einzugehen". Für die Glaubwürdigkeit der Kirche ist es wichtig, trotz aller Schwierigkeiten die Einheit und Einmütigkeit in der Kirche zu leben. Die Bischöfe teilen die Anliegen des Papstes. Aber sie kennen auch die Gewissensnöte derjenigen, welche „meinen, die Lehre der Enzyklika nicht in allen Punkten annehmen zu können".*
2. *Im zweiten Abschnitt fassen die Bischöfe die Lehre der Enzyklika zusammen. Die ganzheitliche Schau des Menschen erst zeigt den Wert der ehelichen Liebe und die Bedeutung der Fruchtbarkeit. Die verantwortliche Elternschaft, die Entscheidung über die Größe der Familie, liegt in der Gewissensentscheidung der Ehegatten. Die Enzyklika verbietet den Gebrauch direkt empfängnisverhütender Mittel. Sie erlaubt jedoch die „Zeitwahl-Methode" der Beachtung der fruchtbaren und unfruchtbaren Phasen des Zyklus (periodische Enthaltsamkeit). Hier entsteht die Frage, was zu tun sei, wenn „dieser Weg dauernd oder über längere Zeitspannen nicht gangbar ist". Hier regt der Papst selber weitere Forschungen an. Die Kirche sieht die Ehe als einen Weg zur Heiligkeit. „Das Rundschreiben spricht aber ebenfalls nüchtern von den Schwächen des Menschen, auch des Getauften. ... Nur mit der Hilfe Gottes ist es möglich, den rechten Weg zu gehen, der ein Heilsweg ist, gezeichnet vom Kreuz des Herrn."*
3. *Im dritten Abschnitt geben die Bischöfe seelsorgliche Weisungen. Sie laden die Eheleute ein, aktiv am gottesdienstlichen Leben teilzunehmen. Zwar ist immer dem sicheren Gewissen zu folgen, aber das Gewissen ist nur dann richtig gebildet, wenn es mit dem Gesetz Gottes übereinstimmt. „Das kirchliche Lehramt hat von Jesus Christus den Auftrag, den Willen Gottes in seiner Verbindlichkeit für das Gewissen zu deuten". Was die Verbindlichkeit der Enzyklika betrifft, vertreten die Schweizer Bischöfe die Ansicht, es liege hier*

kein unfehlbarer und unwiderruflicher Entscheid vor. Man schulde ihr jedoch „religiösen Gehorsam". Die Bischöfe unterstreichen die Wichtigkeit der „richtigen Bildung des Gewissens". „Ehegatten werden Gründe und Beweggründe für ihren persönlichen Gewissensentscheid immer wieder vor dem Angesicht Gottes prüfen und sich fragen, wofür sie vor Gott Verantwortung übernehmen können. Die Bischöfe anerkennen und ermutigen diejenigen Ehegatten, welche ihre Ehe in Übereinstimmung mit dem Rundschreiben leben. Den anderen Ehegatten, die damit Schwierigkeiten haben, sagen sie: „Ehegatten, die den Dienst am Leben bereitwillig bejahen und in ihrer Ehe die menschliche und christliche Liebe verwirklichen, erfüllen die grundlegenden Forderungen des göttlichen Willens. Wenn sie im Einzelfall nicht alle Weisungen der Enzyklika über die Empfängnisregelung erfüllen können, dabei aber nicht aus Egoismus und Bequemlichkeit handeln, sondern in Ehrlichkeit danach streben, den Willen Gottes immer vollkommener zu tun, dürfen sie annehmen, dass sie vor Gott nicht schuldig sind." Andere Katholiken, die Schwierigkeiten mit Teilen des Rundschreibens, laden die Bischöfe ein, weiter zu forschen, ihre Motive zu überprüfen und „ihr Urteil im Lichte der kirchlichen Lehre neu zu überdenken". In einer besonderen Not sind die Ehegatten, die sich untereinander in der Gestaltung des ehelichen Lebens nicht einig sind. „Wir bitten sie das Gewissen des Partners zu achten."

1968 Mit seiner Schrift *Die Enzyklika Humanae vitae – Ein Zeichen des Widerspruches* unterstützt der große katholische Philosoph Dietrich von Hildebrand das Rundschreiben Papst Paul's VI.

1969 Der damalige Erzbischof von Krakau, Kardinal Karl Wojtyla, Professor für Ethik an der Katholischen Universität von Lublin, zitiert in seinem Aufsatz zum Thema: „Über die Wahrheit der Enzyklika *Humanae Vitae*", die Auffassung des „großen Inders" Mahatma Gandhi. Dieser schrieb in seiner Autobiographie: „Meiner Meinung nach verrät die Behauptung, dass der Geschlechtsakt ein spontaner Vorgang sei, dem Schlaf und der Ernährung vergleichbar, krasse Unkenntnis. Die Existenz der Welt hängt vom Akt der Fortpflanzung – wir würden sagen: von der Zeugung – ab. Weil die Welt Herrschaftsgebiet Gottes ist und seine Macht widerspiegelt, muss der Akt der Fortpflanzung, der Zeugung, der Norm unterworfen sein, die dahin strebt, die Entwicklung des Lebens auf der Erde zu sichern. Der Mensch, der sich das vergegenwärtigt, wird danach trachten, um jeden Preis seine Sinne zu beherrschen und sich das notwendige Wissen verschaffen, um das physische und geistige Wachstum seiner Nachkommenschaft zu fördern. Er wird dann auch die Früchte dieser Erkenntnis seiner Nachkommenschaft überliefern und sich nicht nur zum eigenen Nutzen ihrer bedienen." An anderer Stelle seiner Autobiographie erklärt Gandhi, er sei zweimal in seinem Leben dem Einfluss der Propaganda gefolgt, die den Gebrauch künstlicher Mittel empfiehlt mit der Absicht, die Empfängnis auszuschließen. Er kam jedoch zur Überzeugung, „dass man sein Handeln mehr auf die innere Kraft stützen soll und dahin kommen muss, die Herrschaft über sich selbst zu gewinnen durch die Kontrolle über sich selbst." (Osservatore Romano vom 5. Januar 1969)

1969 Barbara Seaman veröffentlicht das Buch *Ärzte contra Pille* (deutsch: 1970). Die hormonale Kontrazeption ist nicht so harmlos, wie viele glauben. Es gibt verhängnisvolle Nebenwirkungen.

1975 In diesen Jahren erschien das Buch *Mit Freuden Frau sein* von Ingrid Trobisch, einer der bekanntesten evangelischen Frauen. Es enthält ein Kapitel über die Natürliche Empfängnisregelung. Das Buch wird später in Zusammenarbeit mit Elisabeth Rötzer zu einem Bestseller und erlebt viele Auflagen.

1976 Die Weltgesundheitsorganisation (WHO) interessiert sich für die „Natürliche Familienplanung": „Unter natürlicher Familienplanung versteht man diejenigen Methoden, welche die Planung bzw. die Verhütung von Schwangerschaften durch die Beobachtung von physiologisch vorkommenden Symptomen während der fertilen, bzw. während der infertilen Phase des Menstrualzyklus ermöglichen. Nach dieser Definition gilt als selbstverständlich, dass der Geschlechtsverkehr während der fertilen Zyklusphase vermieden werden muss, wenn die Natürliche Familienplanung zur Schwangerschaftsverhütung angewendet wird." (Unveröffentlichtes Dokument der WHO)

1978 Am 25. Juli kommt das erste Retortenbaby, Louise Joy Brown, im englischen Oldham (bei Manchester) zur Welt. (http://de.wikipedia.org/wiki/Retortenbaby)

1979 Papst Johannes Paul II. beginnt seine Mittwochskatechesen zur Theologie des Leibes (bis 1984). In 130 Ansprachen beschäftigt er sich, ausgehend von der Heiligen Schrift, mit einer vertieften Sicht des Leibes, der menschlichen Sexualität, mit Ehe und Familie und dem Zölibat. Damit legt er auch ein Fundament für ein tieferes philosophisch-anthropologisches Verständnis von *Humanae vitae*. (Die drei von Norbert und Renate Martin im Patris-Verlag herausgegebenen Bände der Katechesen sind zur Zeit nur im Internet verfügbar: www.human-life.ch; dort unter Pro life Themen / Ehe und Familie)

1980 Bischofssynode in Rom zum Thema Ehe und Familie.

1980 Die österreichischen Bischöfe geben zum Abschluss der Synode eine Erklärung ab. Sie halten fest: „Der Bischofssynode wurden die Ergebnisse wissenschaftlicher Forschung vorgelegt, die besagen, dass die Methode der Zeitwahl – richtig angewendet - eine hohe Sicherheit garantiert. Diesen Weg können Ehepaare mit gutem Gewissen gehen, womit sie auch den Forderungen der Enzyklika *Humanae vitae* entsprechen. Ehegatten aber, die nach ernster Prüfung meinen, der in *Humanae vitae* vorgelegten Empfängnisregelung nicht zustimmen zu können, verfehlen sich nicht, wenn sie bereit sind, ihre Überlegungen gewissenhaft fortzusetzen ... Klar bleibt jedoch, dass er in einem solchen Fall nicht berechtigt ist, mit dieser seiner Meinung unter seinen Glaubensbrüdern Verwirrung zu stiften." (Verordnungsblatt der Erzdiözese Salzburg, November 1980)

1981 Die Zentralstelle *Pastoral der Deutschen Bischofskonferenz* (Abteilung Ehe und Familie) beginnt mit der Auswertung der bisherigen Informationen, Erfahrungen und Überlegungen zur Natürlichen Empfängnisregelung.

1981 Gründung der Sektion Schweiz der „World Organization - Ovulation Method - Billings" (WOOMB). Die Mitglieder des Vereins fördern die natürliche Empfängnisregelung, die eheliche und familiäre Liebe. Sie lehnen jede Form von Empfängnisverhütung ab.

1981 Johannes Paul II. verfasst das Apostolische Schreiben *Familiaris Consortio* (FC). Zum Dienst am Leben heißt es: „In Kontinuität mit der lebendigen Tradition der kirchlichen Gemeinschaft durch die Geschichte hin haben das 2. Vatikanische Konzil und das Lehramt meines Vorgängers Pauls VI., vor allem in der Enzyklika *Humanae vitae*,

unserer Zeit eine wahrhaft prophetische Botschaft verkündet, welche die stets alte und zugleich neue Lehre und Norm der Kirche über die Ehe und die Weitergabe menschlichen Lebens deutlich bekräftigt und erneuert." Deshalb haben die Väter der Synode in ihrer letzten Versammlung wörtlich erklärt: „Diese Heilige Synode, versammelt in der Einheit des Glaubens mit dem Nachfolger Petri, hält fest an dem, was im 2. Vatikanischen Konzil (vgl. *Gaudium et spes*, 50) und dann in der Enzyklika *Humanae vitae* dargelegt wird, dass nämlich die eheliche Liebe voll menschlich, ausschließlich und offen für das neue Leben sein muss (*Humanae vitae*, 11, vgl. 9 und 12)." (FC 29) Und quasi erklärend dazu heißt es weiter: „Im Licht der Erfahrung so vieler Ehepaare und der Ergebnisse der verschiedenen Humanwissenschaften kann und muss die Theologie den anthropologischen und gleichzeitig moralischen Unterschied erarbeiten und vertiefen, der zwischen der Empfängnisverhütung und dem Rückgriff auf die Zeitwahl besteht. Es handelt sich um einen Unterschied, der größer und tiefer ist, als man gewöhnlich meint, und der letzten Endes mit zwei sich gegenseitig ausschließenden Vorstellungen von Person und menschlicher Sexualität verknüpft ist." (FC 32) (http://www.stjosef.at/dokumente/familiaris_consortio.htm)

1982 An einem internationalen Symposium über Ehe und Familie in Feldkirch mit 150 Teilnehmenden aus acht europäischen Ländern kann festgestellt werden, dass „das Verständnis bei jungen Ehepaaren für natürliche Geburtenregelung wächst". (Die Tagespost vom 26.10.1982)

1984 Die Mittwochs-Katechesen von Papst Johannes Paul II. von Mai bis November sind ein hervorragender Kommentar des Papstes zur Enzyklika *Humanae vitae*. (Vgl. Quellenangabe zum Jahr 1979)

1985 Die beiden Dissertationen von Petra Frank und Elisabeth Raith erscheinen gemeinsam als Buch unter dem Titel: *Natürliche Familienplanung. Physiologische Grundlagen, Methodenvergleich, Wirksamkeit.* Eine Einführung für Ärzte und Berater. Mit einem Geleitwort von G. K. Döring, Springer-Verlag, Berlin-Heidelberg.

1985 In Zürich wird die „Interessengemeinschaft für Natürliche Familienplanung Schweiz/Fürstentum Liechtenstein" gegründet. Der Verein ist ein Dachverband, der alle seriösen Methoden der Natürlichen Empfängnisregelung fördert. Zu diesem Zweck wird eine Koordinationsstelle errichtet.

1985 Hilgers und seine Mitarbeiter entwickeln auf der Grundlage der Billings-Methode und der kirchlichen Lehre am 1985 gegründeten „Pope Paul VI Institute for the Study of Human Reproduction" die so genannte „NaProTechnology" (Natural Procreative Technology) zur Behandlung gynäkologischer Probleme wie zum Beispiel Unfruchtbarkeit, Menstruationsschmerzen, Prämenstruelles Syndrom, Eierstockzysten, Irreguläre Blutungen, wiederholte Fehlgeburten, Postnatale Depression, Neigung zu Frühgeburten. Seine Behandlung der Unfruchtbarkeit erreicht wesentlich bessere Resultate als die In-Vitro-Fertilisation. (DieTagespost, 17.06.2008)

1986 Gründung des „Instituts für Natürliche Empfängnisregelung" (INER). Das Institut dient der Förderung der Natürlichen Empfängnisregelung nach der von Prof. Dr. med. Josef Rötzer entwickelten Sympto-thermalen Methode.

1986 Die erste Internationale Ärztetagung für Natürliche Empfängnisregelung gründet in Zürich am 14. Juni die Internationale Ärztegemeinschaft für Natürliche Empfängnisregelung.

1987 Die Arbeitsgruppe NFP, welche im Auftrag der Kirche in Deutschland die natürliche Familienplanung fördert, veröffentlicht nach sechsjährigen Vorarbeiten die erste Auflage des Buches *Natürlich und sicher*. Die hier vorgelegte Methode der doppelten Kontrolle geht auf P. Thyma und G. K. Döring zurück. Obwohl sie Erkenntnisse und Darstellungen von J. Rötzer übernimmt, darf sie nicht mit der sympto-thermalen Methode von Dr. Rötzer verwechselt werden.

1987 Anlässlich ihres Ad-Limina Besuches in Rom sagt Papst Johannes Paul II. in seiner Ansprache den österreichischen Bischöfen: „In eine besonders schwere Verantwortung nimmt euch euer Dienst an der Einheit des Glaubens, in einer Zeit, da man die gesunde Lehre nicht erträgt, sondern sich nach eigenen Wünschen immer neue Lehrer sucht, die den Ohren schmeicheln (2 Tim 4,3). Die Förderung und Formung der christlichen Familien ist und bleibt Grundlage aller weiteren pastoralen Arbeit. Die wesentlichen Maßstäbe sind in dem auf der Bischofsynode 1980 fußenden Apostolischen Schreiben verbindlich dargelegt, das in Fragen der Sexual- und Ehemoral die von Papst Paul VI. in der Enzyklika *Humanae vitae* von der ganzen Tradition des Glaubens her gefällten Entscheide aufnimmt und entfaltet. An der Gültigkeit der dort dargestellten sittlichen Ordnung darf kein Zweifel gelassen werden. Wenn im ersten Moment der Veröffentlichung von *Humanae vitae* noch eine gewisse Ratlosigkeit verständlich war, die sich auch in manchen bischöflichen Erklärungen niedergeschlagen hat, so hat der Fortgang der Entwicklung die prophetische Kühnheit ... Papst Paul VI. immer eindringlicher bestätigt. Immer deutlicher zeigt sich, dass es unsinnig ist, etwa Abtreibung durch Förderung der Kontrazeption überwinden zu wollen. Im Übrigen ist euch gewiss nicht unbekannt, dass bei neueren Mitteln die Übergänge zwischen Kontrazeption und Abtreibung weithin fließend geworden sind." (Verordnungsblatt der Erzdiözese Salzburg, Juli 1987, S. 113).

1988 Beim 12. Internationalen Familien-Kongress in Wien (20.–23. Oktober) sagt Ärztin Dr. Wanda Poltawska aus Krakau: „*Humanae vitae* kann wirklich für die zeitgenössische Gesellschaft ein Wegweiser sein, weil die Lösung der Probleme der Familie in einer richtigen Konzeption des Menschen, in einer christlichen Anthropologie liegt und diese Anthropologie muss man den Leuten näher bringen, man muss sie auf eine klare und verständliche Weise übertragen." (Publikation Verein Familienkongress, Wien)

1988 Beim Besuch von Papst Johannes Paul II. in Österreich geben die österreichischen Bischöfe eine Erklärung ab, welche die Maria-Troster-Erklärung in gewisser Hinsicht relativiert. (Vgl. Wiener Kirchenzeitung, 12. September 1993): Die Bischöfe teilen die Auffassung des Heiligen Vaters, dass die eigenmächtige Trennung von liebender Vereinigung und Offenheit für neues Leben im ehelichen Akt gegen die Ordnung des Schöpfers und die Würde des Menschen gerichtet sei. Sie stehen zur Lehre der Kirche, wie sie in *Humanae vitae* und *Familiaris consortio* dargestellt ist. Die sogenannte Maria-Troster-Erklärung sei missdeutet worden, was zu einer bedenklichen Entwicklung in der Praxis geführt habe. Es könne nicht die Absicht dieser Maria-Troster-Erklärung sein, den beschriebenen Fall einer von *Humanae Vitae* abweichenden Überzeugung als allgemeine Erlaubnis zur Anwendung aller empfängnisverhütenden Mittel deuten zu lassen. Die Kirche habe sich nicht von der Verpflichtung zur Bildung des Gewissens zurückgezogen und die Entscheidung der Beurteilung des ehelichen Aktes nicht allein den Eheleuten überlassen. Das Gewissen bedürfe der rechten Gewissensbildung und die kirchliche Autorität helfe, dahin zu kommen. Das zuständige kirchliche Lehramt erstrecke sich nicht nur auf die übernatürliche Offenbarung, sondern auch auf die natürlichen Wahrheiten, weil das Licht der Offenbarung auch auf diese falle, sie bestätige und verdeutliche. Daraus folge, dass es Gewissensfreiheit gebe, aber keine Freiheit der Gewissensbildung. Das heiße, die Bildung des Gewissensurteils sei abhängig vom Gesetz Gottes. Und weil Gottes Gesetz auf tausenderlei verschiedene Umstände und Lebensverhältnisse angewendet werden müsse, spreche hier auch die Kirche mit ihrem Lehramt ein bestimmendes und klärendes Wort. (www.stjosef.at/dokumente/oesterreichische_bischofserklaerungen_humanae_vitae.htm)

1988 Beim Kongress der Moraltheologen in Rom zum 20-jährigen Jubiläum von *Humanae vitae* hält Papst Johannes Paul II. eine wichtige Ansprache. Er hebt den prophetischen Wert der Enzyklika hervor und bestätigt die Lehre von *Gaudium et spes*, von *Humanae vitae* und von *Familiaris consortio*. Diese Lehre sei nicht von Menschen erfunden, vielmehr von der Schöpferhand Gottes in die Natur der menschlichen Person eingeschrieben. Das Gewissen müsse sich an der Norm orientieren. Darum sei die Gewissensbildung wichtig. Zum Schluss appelliert er an die Moraltheologen: „Wenn ihr euch vom Lehramt entfernt, setzt ihr euch der Vergeblichkeit des Irrtums und der Sklaverei der Meinungen aus." (Italienisches Original im Osservatore Romano, 13. November 1988).

1988 Der evangelische Theologe Dr. Werner Neuer spricht bei der Jahrestagung der Interessengemeinschaft für Natürliche Familienplanung Schweiz/ Fürstentum Liechtenstein vom 21. November in Zürich über das Thema: „Die Enzyklika *Humanae vitae* (1968) im Licht von Bibel und Tradition – Überlegungen eines evangelischen Theologen". Anlass war das 20-jährige Jubiläum von Humanae vitae. Er begründet die These, dass *Humanae vitae* keine katholische Sonderlehre ist, sondern sowohl der Bibel als auch der gesamten christlichen Tradition entspricht. Dieser Vortrag konnte 1990 als *idea Dokumentation* (14/90) veröffentlicht werden. Auch dies war ein ökumenisches Signal, das eine weitere Diskussion im evangelischen Raum auslöste.

1989 Mehr als 220 katholische Theologieprofessoren unterzeichnen die „Kölner Erklärung" mit dem Titel „Wider die Entmündigung – für eine offene Katholizität". Neben anderen Themenfeldern wird darin die kirchliche Lehre von der Geburtenregelung einer scharfen Kritik unterzogen. (http://www.we-are-church.org/de/files/90_k%F6lnerkl.pdf)

1989 Im April findet in Bonn der XIV. Internationale Kongress für die Familie statt. Dabei gibt es ein Internationales Kolloquium zu Perspektiven der Natürlichen Empfängnisregelung, an dem Dr. John und Dr. Evelyn Billings sowie Prof. James Brown aus Australien, Dr. Josef Rötzer aus Österreich, Dr. Werner Neuer aus Deutschland und Mercedes Wilson aus Guatemala/USA teilnehmen. Der Moderator Johannes Frhr. Heereman konnte das Ergebnis folgendermaßen zusammenfassen: „Die Natürliche Empfängnisregelung ist

- völlig frei von Nebenwirkungen,
- bei korrekter Beachtung auch die zuverlässigste und
- sie allein trägt uneingeschränkt der Einheit von Leib und Seele Rechnung.

Wir sollten dankbar dafür sein, dass in einer Zeit, da die schädlichen Folgen von Pille und Spirale uns immer deutlicher bewusst werden, wir gleichzeitig neuere und tiefere Erkenntnisse über die Natürliche Empfängnisregelung lernen dürfen." (Familie ist Zukunft, Bonn 1989, 215)

1991 Andreas Laun veröffentlicht die Kleinschrift „Liebe und Partnerschaft aus der Sicht der katholischen Kirche". Mit dieser Publikation, die mit Erweiterungen und Überarbeitungen bereits die 8. Auflage (2003) erreicht hat und auch ins Ungarische übersetzt worden ist, versucht er die Anliegen der Enzyklika *Humanae vitae* allgemein verständlich darzustellen. Gerade den für die Ehevorbereitung Verantwortlichen leistet er damit einen ausgezeichneten Dienst.

1992 Salzburgs Erzbischof Dr. Georg Eder erneuert „sein Familienreferat". Die Familienreferate der Erzdiözese Salzburg und der Diözese Linz – in beiden Fällen waren ihre Leiter Priester – waren bis 1992 österreichweit tonangebend gegen *Humanae vitae* und für die Maria-Troster-Erklärung. Rom war gut informiert und setzte auf die Ernennung des neuen Oberhirten in Salzburg die Hoffnung auf Veränderung. Der Erzbischof von Salzburg wurde in Briefen von zwei unabhängigen Dikasterien aufgefordert, das Referat für Ehe und Familie personell zu erneuern durch Mitarbeiter, die sich der Lehre der Kirche verpflichtet wissen. Leitung und Team des Referates wurden erneuert. Angriff und Ausgrenzung konnten nicht ausbleiben. Das Referat ist treu und weit im deutschen Sprachraum bekannt und gefragt. (Siehe Seite 95 und 107).

1993 Es erscheint der *Katechismus der Katholischen Kirche* (KKK). Dieser verweist in den Nr. 2366–2370 bestätigend auf das Konzil, *Humanae vitae*, *Familiaris consortio* und weitere Aussagen der Kirche. Zur Autorität des KKK sagt Papst Johannes Paul II.: „Der KKK ist die reifste Frucht des Konzils und eine Darlegung des Glaubens der Kirche und der katholischen Lehre, wie sie von der Heiligen Schrift, der Apostolischen Überlieferung und vom Lehramt der Kirche bezeugt und erleuchtet wird. Er ist eine sichere Norm für die Lehre des Glaubens" (Einleitung Nr. 4).

1993 Die *Enzyklika Veritatis splendor* von Papst Johannes Paul II. nimmt Stellung zu wichtigen Fragen der Moraltheologie. Sie ist eine wertvolle Hilfe zur Interpretation von *Humanae vitae*. Weihbischof Andreas Laun nennt sie einen „Markstein in der Geschichte der Moraltheologie".

http://www.vatican.va/holy_father/john_paul_ii/encyclicals/documents/hf_jp-ii_enc_06081993_veritatis-splendor_ge.html

1998 In Vorträgen in Polen, Ungarn und Tschechien zieht Weihbischof Andreas Laun eine Bilanz zu „30 Jahre – Humanae vitae". Dabei beleuchtet er in besonderer Weise die Verantwortung der Moraltheologen: „Nach dem anfänglichen Schock und nach den hitzigen Debatten der ersten Wochen und Monaten über HV auf dem medialen Areopag des 20. Jahrhunderts, setzte, jetzt abseits der Öffentlichkeit, eine Entwicklung in der westlichen Moraltheologie ein, die als Erneuerung bezeichnet wurde, in Wirklichkeit aber zu jener dramatischen Krise führte, auf die Johannes Paul II. mit der Enzyklika *Veritatis splendor* antwortete. Denn den Moraltheologen war bald klar geworden, dass die Bestreitung der konkreten Einzelnorm von HV nicht gelingen konnte, solange nicht die Voraussetzungen verändert waren, auf denen sie aufruht. Man dachte: Eine ethische Theorie, die zu einer Lehre wie derjenigen von HV führt, kann nicht richtig sein. Folgerichtig ging man daran, die Grundbegriffe der Moraltheologie in Frage zu stellen und neu zu konzipieren: so dass ein *Humanae vitae* nicht nochmals *passieren* konnte ... Im Lichte dieser *neuen* Ethik war es nicht mehr nötig, an der Lehre von HV festzuhalten, jedenfalls nicht in jenem absoluten Sinn, in dem sie Paul VI. vorgelegt hatte. Im Gegenteil, in bestimmten Kreisen der Moraltheologen galt es als beleidigend, einem Kollegen zu unterstellen, er würde HV verteidigen!" (*Kirche heute*, Nr. 10/1998)

1999 Am XIX. Internationalen Kongress für die Familie in Luzern unterstreicht Dr. Josef Rötzer, dass die Natürliche Empfängnisregelung mehr ist als eine Methode der Familienplanung. Es ist ein neuer Lebensstil oder eine neue Lebensweise. Der Theologe David Prentis berichtet, dass von den 1200 Lehrer-Ehepaaren für Natürliche Empfängnisregelung der 1971 in den USA gegründeten Ehepaar-Liga nur 1% sich scheiden ließ. In der allgemeinen Bevölkerung liegt die Scheidungsrate wesentlich höher. (Familie ist Zukunft, Zürich 2000, 199-223).

2000 Der Erzbischof von Denver, Charles Joseph Chaput, schreibt in einem Pastoralbrief zum Welttreffen der Familien im Heiligen Jahr 2000: „Ich bitte (...) die Ehepaare, *Humanae vitae*, *Familiaris consortio* und andere Dokumente der Kirche, welche die katholische Lehre von Ehe und Geschlechtlichkeit verkünden, zu lesen, zu besprechen und darüber zu beten. Viele Ehepaare, welche die kostbare Weisheit in diesen Texten nicht kennen, haben sich selber einer schönen Quelle der Hilfe für ihre gegenseitige Liebe beraubt. Ich ermutige die Ehepaare besonders ihre Gewissen bezüglich der Verhütung zu prüfen, und bitte sie, sich zu erinnern, dass *Gewissen* viel mehr ist als eine Sache der persönlichen Vorliebe. Das Gewissen verlangt von uns, die Lehre der Kirche kennen zu lernen und zu verstehen, und redlich danach zu streben, ihr unsere Herzen anzupassen." (Vgl. Theologisches 59, Juli 1999)

2000 Roland Süssmuth gibt den 1266 Seiten starken Sammelband heraus: Empfängnisverhütung – Fakten, Hintergründe, Zusammenhänge. Er ist – auch dies ein ökumenischer Beitrag – gleichzeitig erschienen im evangelischen Hänssler und im katholischen Christiana-Verlag. Dass in diesem bisher jedenfalls im deutschen Sprachraum noch nicht überholten Standardwerk Autoren verschiedener Konfessionen in ökumenischem Geist zusammengearbeitet haben, wird schon in den Geleitworten deutlich. Nebeneinander finden wir den evangelischen Prof. Dr. Peter Beyerhaus und den Erzbischof von Wien, Kardinal Christoph Schönborn. In seinem Vorwort sagt dann der Herausgeber klar: „Dieses Sammelwerk möchte nicht zuletzt eine ökumenische Gemeinschaftsproduktion sein: Sowohl Verleger als auch Autoren verstehen sich zuerst als Christen und sind erst in zweiter Linie evangelische oder katholische Gemeindemitglieder. Dennoch ist der Herausgeber mit seinem Anliegen, ganz bewusst einen ökumenischen Beitrag zu leisten, der Auffassung, dass die jeweilige konfessionelle Zugehörigkeit eines Autors nicht einfach eingeebnet, sondern seine Herkunft erkennbar bleiben soll" (18).

2001 Unter der Leitung von Weihbischof Andreas Laun, dem Bischofsvikar für Ehe und Familie, setzt das Referat für Ehe und Familie in Salzburg *Humanae vitae* um. Es werden verbindliche Standards für die diözesanen Eheseminare formuliert. *Humanae vitae* betreffen die Standards 4-8:

- Standard 4: Eheliche Liebe – körperlich-sexuelle Liebe und Heiligkeit durch eheliche Liebe

- Standard 5: Fruchtbarkeit – Kind ist Krönung der Liebe – Kinderzahl ist Entscheidung der Eltern vor Gott, nicht Beliebigkeit – Mut zur größeren Familie
- Standard 6: Biologische Grundlagen – Beginn des Lebens, Zyklus der Frau, Biologie des Mannes.
- Standard 7: Natürliche Empfängnisregelung (NER) statt Verhütung – Methode Wirkweise der Verhütungsmittel – Positive Auswirkung von NER auf Ehe und Familie
- Standard 8: Abtreibung – Was ist Abtreibung – Grauzonen – Folgen der Abtreibung

2001 Am 22. Februar gibt Papst Johannes Paul II. dem neu ernannten Kardinal Karl Lehmann einen Brief. Der Passus, welcher das Thema Ehe und Familie betrifft, lautet: „Große Sorgen bereiten mir verschiedene Entwicklungen im Bereich von Ehe und Familie. Auch in Ihrem Land wird das Verständnis der Ehe als Lebens- und Liebesbund zwischen Mann und Frau, der auf das Wohl der Ehegatten, sowie auf die Zeugung und Erziehung von Kindern hingeordnet ist, von vielen Menschen und auch vom Gesetzgeber in Frage gestellt. Der daraus resultierende Verfall an menschlichen und christlichen Werten ist unabsehbar. Die Treue zu Christus verpflichtet uns, die Gläubigen auf die tragischen Folgen dieser Entwicklung hinzuweisen und ihnen einen anderen Weg zu zeigen. Daher bitte ich Sie, zusammen mit den Bischöfen klare Orientierungen zu geben, damit viele Gläubige dem Plan des Schöpfers über Ehe und Familie entsprechen, die Kinder und Jugendlichen im Glauben zu erziehen und sich getreu an die moralischen Prinzipien zu halten, wie sie in der Enzyklika *Humanae vitae*, im nachsynodalen Schreiben *Familiaris Consortio* und im Schreiben der Glaubenskongregation über den Kommunionempfang von den wiederverheiratet geschiedenen Gläubigen dargelegt sind. Die Zukunft der Kirche und der Gesellschaft hängt wesentlich von der Zukunft der Familie ab." (http://www.vatican.va/holy_father/john_paul_ii/letters/2001/documents/hf_jp-ii_let_20010323_german-cardinals_ge.html) Das heißt doch im Klartext, dass der Papst die deutschen Bischöfe darum bittet, die Königsteiner Erklärung zu revidieren.

2002 Anlässlich der Verleihung des Gregorius-Ordens an Prof. Dr. Josef Rötzer in Salzburg hält der österreichische Familienbischof eine Ansprache. Darin kommt er zur Schlussfolgerung: „Persönlich vertrete ich seit langem die Auffassung, dass die Annahme der Enzyklika *Humanae vitae* und des apostolischen Rundschreibens *Familiaris Consortio* eine unabdingbare Voraussetzung für die Erneuerung der Kirche darstellt. Vielleicht werden das manche für übertrieben erachten und einmal mehr sagen, das 6. Gebot stehe nicht an der ersten, sondern eben an der sechsten Stelle im Dekalog. Das ist wahr. Ich bin auch davon überzeugt, dass die Grundfragen die Beziehung zu Gott und die Beziehung zum Nächsten sind, aber – wie es von den beiden Hauptgeboten gezeigt wird – ist die Einstellung zur Liebe grundlegend und Sexualität darf davon nicht ausgeklammert werden, denn sie ist mit der Liebe, ihrem Ausdruck und mit dem Leben, der Entstehung des Lebens untrennbar verknüpft. Wer sich Gott zuwendet, wird früher oder später bemerken, dass ein Zusammenhang vorhanden ist." (http://www.kath.net/detail.php?id=2735)

2003 Zum 35-jährigen Bestehen von *Humanae vitae* weist die *Canadian Organization for Life and Family* (COLF), ein Arm der kanadischen Bischofskonferenz für Pro-Life- und Familienthemen, in einer Aussendung auf die Botschaft des Papstschreibens hin. Sie unterstreicht in dem Schreiben die Aussagen des Papstes zur Natürlichen Empfängnisregelung und den ihr gegenüberstehenden familien- und lebenzerstörenden Methoden, wie Verhütungsmittel, Abtreibung und Sterilisation. Die Aussendung betont auch den „prophetischen Weitblick" Papst Paul VI., mit dem er Humanae Vitae verfasste. (http://www.kath.net/detail.php?id=5569)

2004 Am 29. Oktober sagt Kardinal Joachim Meisner der Nachrichtenagentur Zenit: „Eines der Grundübel ist, dass die Deutsche Bischofskonferenz 1968 nach Veröffentlichung der Enzyklika *Humanae vitae* die Königsteiner-Erklärung verabschiedet hat". (Vgl. http://www.kath.net/detail.php?id=8763)

2004 Am 29. November genehmigt die Diözesane Pastoralkonferenz des Bistums Chur Empfehlungen zur Familienpastoral. Darin heißt es:

„Wir empfehlen eine Familienpastoral, welche der Aufgabe jedes Menschen dient, die Sexualität in seine Personalität zu integrieren bzw. seine geschlechtliche Identität anzunehmen. Wichtig sind in diesem Zusammenhang Programme einer ganzheitlichen Sexualpädagogik (wie z.B. *teenstar*), da sie den Kindern und den Jugendlichen helfen, sich besser zu verstehen, ihre Sexualität zu bejahen und sich gegebenenfalls gut auf die eigene Ehe und Familie vorzubereiten. Konkret heißt das unter anderem auch: Die modernen Methoden der natürlichen Empfängnisregelung verdienen eine größere Verbreitung und Förderung. Sie machen es möglich, die Größe der Familie und den Abstand der Geburten verantwortungsbewusst zu planen, wobei zugleich der innere Zusammenhang von ehelicher Liebe und Fruchtbarkeit gewahrt wird." (http://www.bistum-chur.ch/lvr_pastoralkonferenz_009.htm)

2006 Die österreichischen Bischöfe veröffentlichen unter dem Titel „Leben in Fülle" Leitlinien für katholische Einrichtungen im Dienste der Gesundheitsfürsorge. In völliger Übereinstimmung mit *Humanae vitae* sprechen sie von „verantworteter Elternschaft". Es obliegt den Eltern, „über die Anzahl ihrer Kinder zu entscheiden". Die Bischöfe lehnen die Verhütung ab und empfehlen die Natürliche Empfängnisregelung mit eindrücklichen Worten: „Die natürliche Empfängnisregelung (NER), die ein verlässliches Wissen vom Zyklus der weiblichen Fruchtbarkeit sowie die Bereitschaft, sich zu bestimmten Zeiten der sexuellen Vereinigung zu enthalten, voraussetzt, wird aufgrund ihres generell hohen Grades an Sicherheit bei richtiger Anwendung und entsprechender Motivation inzwischen auch von medizinischer Seite anerkannt. Es ist zu begrüßen, wenn vor allem in den medizinischen Einrichtungen in kirchlicher Trägerschaft Beratungs- und Schulungsangebote im Hinblick auf NER für interessierte Paare angeboten werden. Besondere Vorteile der NER, die von ihrem Grundansatz her mit einer Haltung grundsätzlicher Offenheit gegenüber dem Kind verbunden ist, sind Selbstkontrolle, größere Aufmerksamkeit für den Partner sowie für die Funktionen des Organismus, die Einbeziehung der Verantwortung beider Partner sowie der Ausschluss gesundheitlicher Risken und Abhängigkeiten von pharmazeutischen Präparaten, aber auch die Vermeidung von Situationen des Drucks von außen. Auch medizinisch gesehen ist dies der gesündere Weg." (http://www.bischofskonferenz.at/article_detail.siteswift?so=all&do=all&c=download&d=s%3A12%3A%22article%3A84%3A6%22%3B)

2006 Der Kongress „Freude am Glauben" in Fulda (16.–18. Juni) verabschiedet die dringende Bitte an die Bischöfe Deutschlands zur Revision der Königsteiner Erklärung: „Jetzt, wo die zerstörerischen Folgen der sexuellen Revolution zu Tage treten, wird offensichtlich, dass die Enzyklika *Humanae Vitae* ein prophetisches Dokument ist, das dem Auftrag der Kirche, Licht der Völker zu sein, gerecht wird. Wir fürchten, dass die katholische Kirche in Deutschland von kommenden Generationen angeklagt werden könnte, mit Schuld zu tragen an dem unheilvollen Erbe, das wir den Nachfahren aufbürden: moralische Zerrüttung, Zusammenbruch der Familie und die unabsehbaren Folgen des Geburtenmangels. Weil wir die Kirche lieben und in Einheit mit unseren Bischöfen und dem Heiligen Vater in den wachsenden Bedrängnissen dieser Zeit Zeugen Christi sein wollen, bitten wir unsere Bischöfe, uns auf dem Weg der Umkehr voranzuschreiten und eine neue Stellungnahme zu *Humanae Vitae* im Licht der Theologie des Leibes von Papst Johannes Paul II. zu formulieren." (http://www.forum-deutscher-katholiken.de/user/documents/congress-2006/resolution-koenigstein.pdf)

2007 In einem Interview mit der Tagespost sagte der irische Moraltheologe Vincent Twomey, ein Freund und Schüler von Papst Benedikt XVI.: „Ich meine, dass durch die Debatte um *Humanae vitae* die ganze Krise innerhalb der abendländischen Kulturgeschichte zu ihrem Höhepunkt gekommen ist. Und ich bin überzeugt, dass die Kirche in Europa und nicht zuletzt in Deutschland sich solange nicht erholen wird, bis sie *Humanae vitae* annimmt. Und zwar alles, was darin steht". (http://www.kath.net/detail.php?id=17446)

2008 Kardinal Christoph Schönborn findet in Jerusalem dramatische Worte bezüglich der Lage Europas. Er sagt in einem Interview: „Es geht um die Zukunft Europas. In den vergangenen vierzig Jahren hat Europa dreimal nein zu seiner Zukunft gesagt: 1968 mit dem Nein zu *Humanae vitae*, wenig später mit der in den meisten europäischen Ländern eingeführten Fristenregelung und in jüngster Zeit mit der Homo-Ehe. In zwei Generationen wird die europäische Bevölkerung auf die Hälfte zurückgehen. Das ist objektiv ein Nein zur Zukunft." (Vgl. Kapitel 10; http://www.kath.net/detail.php?id=19440).

2008 Die Österreichische Bischofskonferenz approbiert auf Anregung von Familienbischof Klaus Küng Standards für die Ehevorbereitung. Sie wurden von einer extra eingerichteten Familienkommission der Österreichischen Bischofskonferenz erarbeitet und gelten ab 2008 als verbindlich. In Bezug auf die verantwortete Elternschaft werden nun klar die Weisungen von *Humanae vitae* übernommen.

2008 Der Moraltheologe Christian Schulz veröffentlicht seine Dissertation: „Die Enzyklika *Humanae vitae* im Lichte von *Veritatis splendor*", im Eos-Verlag.

2008 Aus Anlass des 40. Jahrestages findet an der Päpstlichen Lateran-Universität eine internationale Tagung über *Humanae vitae* statt. „Vierzig Jahre nach der Veröffentlichung der Enzyklika ist nicht nur ihr Lehrinhalt unverändert wahr, es zeigt sich auch die Weitsicht, mit der das Problem behandelt worden ist", sagt Papst Benedikt XVI. in seiner Ansprache vom 10. Mai 2008 (vgl. S. 7ff (http://www.vatican.va/holy_father/benedict_xvi/speeches/2008/may/documents/hf_ben-xvi_spe_20080510_humanae-vitae_ge.html)

2008 Am 16. Mai hält Benedikt XVI. eine Ansprache an die Teilnehmer des Forums der Familienvereinigungen. Er würdigt erneut die Enzyklika *Humanae vitae*: Diese hat die Qualität einer ehelichen Liebe bekräftigt, die nicht vom Egoismus manipuliert und für das Leben offen sei. (http://www.kath.net/detail.php?id=19850)

2008 Am 2. Oktober richtet Papst Benedikt XVI. eine Botschaft an den Internationalen Kongress des Institutes für Ehe und Familie „Johannes Paul II." anlässlich des 40. Jahrestages der Veröffentlichung der Veröffentlichung Humanae vitae. Darin unterstreicht er die Aktualität dieses Schreibens Papst Paul´s VI. Außerdem erwähnt er die Bedeutung der Zyklusforschung für die Behandlung der Sterilität (Siehe Seite 135).

Chur, 6. Oktober 2008

Humanae Vitae – Zwanzig Jahre danach

ANSPRACHE PAPST JOHANNES PAUL II.
ROM - MORALTHEOLOGENKONGRESS,
12. NOVEMBER 1988

5 Humanae Vitae – Zwanzig Jahre danach

PAPST JOHANNES PAUL II., MORALTHEOLOGENKONGRESS, ROM, 12. NOVEMBER 1988

Zwanzig Jahre nach Humanae Vitae (HV) setzt sich der Heilige Vater neben der Würdigung der Enzyklika mit den Problemen der gegenwärtigen Epoche auseinander, welche durch die Enzyklika HV verhindert hätten werden können. Deutlich bestätigt Papst Johannes Paul II. die Aussagen seines Vorgängers Papst Paul VI., der mit dieser Enzyklika so viel Anstoß erregt hat. Vor allem wird in dieser Ansprache auf die Frage des Gewissens eingegangen. Der Heilige Vater betont, dass das Gewissen gebildet sein muss, das Lehramt der Kirche ist diesbezüglich die Instanz, sofern das Gewissen die Norm nicht aus sich selbst schöpft, sondern ihm die Norm vorgegeben ist.

Nach Begrüßung der Dozenten und Teilnehmer am Kongress und Dank an die Veranstalter kam der Papst unmittelbar auf das Thema zu sprechen:

1. Das Thema, das euch, liebe Brüder, in diesen Tagen beschäftigt und euer vertieftes Nachdenken angeregt hat, war die *Enzyklika Humanae Vitae* und das komplexe Geflecht von Problemen, die mit ihr verbunden sind.
Wie Ihr wisst, hat in den letzten Tagen ein vom Päpstlichen Rat für die Familie veranstalteter Kongress stattgefunden, an dem, in Vertretung der Bischofskonferenzen aus der ganzen Welt, die für die Familienpastoral in den einzelnen Nationen verantwortlichen Bischöfe teilgenommen haben. Dieses nicht zufällige Zusammentreffen bietet mir die Gelegenheit, die Wichtigkeit der Zusammenarbeit zwischen Hirten und Theologen zu betonen und mehr allgemein zwischen den Hirten und der Welt der Wissenschaft, damit eine wirksame und entsprechende Hilfe für die Eheleute sichergestellt wird, die in ihrem Leben Gottes Plan von der Ehe verwirklichen wollen.
Allen ist die ausdrückliche Forderung bekannt, die in der Enzyklika *Humanae Vitae* an die katholischen Wissenschaftler gerichtet wird, durch ihre Studien zur immer gründlicheren Klärung der verschiedenen Voraussetzungen beizutragen, die eine würdige Regelung der menschlichen Fortpflanzung fördern (HV Nr. 24). Diese Aufforderung habe auch ich bei verschiedenen Gelegenheiten

erneut vorgetragen, denn ich bin überzeugt, dass das interdisziplinäre Bemühen um einen entsprechenden Zugang zur komplexen Problematik auf diesem delikaten Gebiet unerlässlich ist.

DIE FORSCHUNG HAT DEN PROPHETISCHEN WERT DER EHV HERAUSGESTELLT

2. Die zweite Gelegenheit, die sich mir bietet, ist die Feststellung der ermutigenden, bereits erreichten Ergebnisse vieler Forscher, die im Verlauf dieser Jahre die Forschung auf diesem Gebiet vorangebracht haben. Auch Dank ihres Beitrags war es möglich, den Reichtum der Wahrheit, den erhellenden und irgendwie prophetischen Wert der Enzyklika HV von Paul VI. herauszustellen, der sich mit wachsendem Interesse Menschen aus den verschiedensten Kulturräumen zuwenden.

Hinweise auf eine Besinnung lassen sich auch in jenen Kreisen der katholischen Welt bemerken, die anfänglich dem wichtigen Dokument gegenüber kritisch eingestellt waren. Der Fortschritt der biblischen und anthropologischen Reflexion hat nämlich eine bessere und tiefere Klärung der Voraussetzungen und Bedeutungen gestattet.

Insbesondere ist an das Zeugnis der Bischöfe der Synode von 1980 zu erinnern. Sie schrieben, „*in der Einheit des Glaubens mit dem Nachfolger des Petrus festhalten zu wollen an dem, was beim 2. Vatikanischen Konzil (vgl. GS Nr. 50) und dann in der Enzyklika HV vorgelegt worden ist, nämlich, dass die eheliche Liebe vollmenschlich, ausschließlich und für das Leben offen sein muss.* (HV Nr. 11, auch 9 und 12).

Dieses Zeugnis habe ich selbst dann in das nachsynodale Schreiben *Familiaris Consortio* (FC) aufgenommen und im weiteren Zusammenhang der Berufung und Sendung der Familie die anthropologische und moralische Sicht von HV sowie die daraus folgende ethische Norm für das Leben der Gatten erneut betont.

KEINE VON MENSCHEN ERFUNDENE LEHRE

3. Es geht nämlich nicht um eine vom Menschen erfundene Lehre, sie ist vielmehr von der Schöpferhand Gottes in die Natur der menschlichen Person eingeschrieben und von ihm in der Offenbarung bekräftigt worden. Sie zur Diskussion stellen bedeutet daher, Gott selbst den Gehorsam

unseres Verstandes zu verweigern. Es bedeutet, dass wir das Licht unserer Vernunft dem Licht der göttlichen Weisheit vorziehen und damit in die Finsternis des Irrtums fallen, um schließlich noch weitere grundlegende Eckpfeiler der christlichen Lehre anzugreifen.

Man muss hier bedenken, dass die Gesamtheit der Wahrheiten, die dem Verkündigungsdienst der Kirche anvertraut sind, ein einziges Ganzes, eine Art Symphonie bildet, in der sich jede Einzelwahrheit harmonisch mit den anderen verbindet. Die vergangenen zwanzig Jahre haben dieses innere Zusammenklingen vom Gegenteil her erwiesen: Das Schwanken oder Zweifeln an der von HV gelehrten moralischen Norm hat auch andere Grundwahrheiten der Vernunft und des Glaubens erfasst. Ich weiß, dass diese Tatsache bei Eurem Kongress aufmerksam bedacht worden ist und möchte jetzt Eure Aufmerksamkeit darauf hinlenken.

DIE LEHRE VOM GEWISSEN

4. Das 2. Vatikanische Konzil lehrt: „Im Inneren seines Gewissens entdeckt der Mensch ein Gesetz, das er sich nicht selbst gibt, sondern dem er gehorchen muss ... Denn der Mensch hat ein Gesetz, das von Gott seinem Herzen eingeschrieben ist, dem zu gehorchen eben seine Würde ist und gemäß dem er gerichtet werden wird" (GS Nr. 16).

Während dieser Jahre wurde im Anschluss an die Bekämpfung von HV auch die christliche Lehre vom moralischen Gewissen in Frage gestellt und eine Vorstellung vom Gewissen angenommen, das sich selbst die sittliche Norm schafft. Auf diese Weise wurde das Band des Gehorsams gegen den heiligen Willen des Schöpfers radikal durchgeschnitten, in dem gerade die Würde des Menschen besteht. Das Gewissen ist nämlich der Ort, an dem der Mensch von einem Licht erleuchtet wird, das nicht von seiner geschaffenen und immer fehlbaren Vernunft herkommt, sondern von der Weisheit des Wortes, durch das alles erschaffen wurde. Wunderbar setzt das 2. Vatikanum fort: „Das Gewissen ist die verborgenste Mitte und das Heiligtum im Menschen, wo er allein ist mit Gott, dessen Stimme in diesem seinem Innersten zu hören ist" (ebd).

Daraus ergeben sich einige Folgerungen, die ich betonen möchte:

Da das Lehramt der Kirche von Christus dem Herrn, eingesetzt worden ist, um das Gewissen zu erleuchten, bedeutet die Berufung auf dieses Gewissen, gerade um die vom Lehramt verkündete Lehre zu bestreiten, eine Ablehnung der katholischen Auffassung sowohl vom Lehramt, als auch vom sittlichen Gewissen.

Wer von der unverletzten Würde des Gewissens ohne weitere Verdeutlichungen redet, setzt sich der Gefahr schwerer Irrtümer aus.
Ganz anders ist die Situation einer Person, die zunächst alle verfügbaren Mittel zur Suche nach der Wahrheit eingesetzt hat und dann doch irrt gegenüber einer Person, die sich entweder einfach mit der Meinung der Mehrheit abfindet, die oft bewusst von den Mächtigen dieser Welt geschaffen wurde oder aus Nachlässigkeit sich wenig um das Finden der Wahrheit kümmert. Die klare Lehre des 2. Vatikanischen Konzils erinnert uns daran: „Nicht selten geschieht es, dass das Gewissen aus unüberwindlicher Unkenntnis irrt, ohne dass es dadurch seine Würde verliert. Das kann man aber nicht sagen, wenn der Mensch sich zu wenig darum bemüht, nach dem Wahren und Guten zu suchen und das Gewissen durch Gewöhnung an die Sünde allmählich fast blind wird" (ebd).

Unter den Mitteln, die die Erlöserliebe Christi zur Vermeidung dieser Gefahr des Irrtums vorgesehen hat, befindet sich auch das Lehramt der Kirche. In Seinem Namen besitzt es eine echte und eigene Lehrautorität. Man kann daher nicht sagen, ein Gläubiger habe sich sorgfältig um die Wahrheit bemüht, wenn er das nicht berücksichtigt, was das Lehramt sagt. Wenn er es mit irgendeiner anderen Erkenntnisquelle auf eine Stufe stellt und sich zum Richter über es macht, wenn er im Zweifelsfall lieber der eigenen Meinung oder der von Theologen folgt und diese der sicheren Lehre der Kirche vorzieht.
In einer solchen Situation noch von der Würde des Gewissens zu reden, ohne etwas hinzuzufügen, entspricht nicht der Lehre des 2. Vatikanischen Konzils und dem, was die ganze Überlieferung der Kirche bezeugt.

GEWISSEN UND VERBINDLICHKEIT DER NORM GEHÖREN ZUSAMMEN

5. Eng verbunden mit dem Thema des moralischen Gewissens ist das von der Verbindlichkeit der in HV gelehrten sittlichen Norm.
Wenn Paul VI. den empfängnisverhütenden Akt als von seinem Wesen her unerlaubt bezeichnet hat, wollte er lehren, dass die sittliche Norm hier keine Ausnahmen kennt. Kein perönlicher oder sozialer Umstand hat je vermocht und wird auch nie vermögen, einen solchen Akt zu einem in sich selbst geordneten zu machen. Die Existenz besonderer Normen für das innerweltliche Handeln des Menschen, die von so verpflichtender Kraft sind, dass sie immer

und überall die Möglichkeit von Ausnahmen ausschließen, ist eine ständige Lehre der Überlieferung und des Lehramtes der Kirche gewesen, die von einem katholischen Theologen nicht in Zweifel gezogen werden darf.

Wir berühren hier einen Zentralpunkt der christlichen Lehre von Gott und Mensch. Wohl gemerkt, was hier in Frage gestellt wird, wenn man diese Lehre ablehnt, ist die Tatsache der Heiligkeit Gottes selbst. Indem er uns dazu vorausbestimmt hat, heilig und makellos vor Ihm zu sein, hat er uns „in Christus dazu geschaffen, in unserem Leben die guten Werke zu tun, die er für uns im Voraus bereitet hat" Eph 2,10: Jene sittlichen Normen sind einfach ein Erfordernis, von dem kein geschichtlicher Umstand dispensieren kann, ein Erfordernis der Heiligkeit Gottes, das sich konkret und keinesfalls abstrakt jeder einzelnen menschlichen Person mitteilt.

Aber nicht nur das, sondern eine solche Ablehnung entleert auch das Kreuz Christi (vgl. auch 1 Kor 1,17). Bei seiner Menschwerdung ist das Wort voll in unsere alltägliche Existenz eingetreten, die sich in konkreten menschlichen Akten äußert. Als Jesus für unsere Sünden starb, hat Er uns in der ursprünglichen Heiligkeit neu geschaffen, die sich wiederum in unserem täglichen innerweltlichen Tun ausdrücken muss.

Zu jener Ablehnung gehört als logische Folge, dass es keine Wahrheit vom Menschen gibt, die dem Ablauf des geschichtliches Werdens entzogen ist. Die Auflösung des Geheimnisses Gottes endet, wie immer, in der Auflösung des Geheimnisses des Menschen. Die Nichtanerkennung der Rechte Gottes endet, wie immer, in der Leugnung der Würde des Menschen.

VERANTWORTETE MORALTHEOLOGIE

6. Der Herr schenkt uns die Feier dieses Jahresgedächtnisses, damit jeder sich selbst vor Ihm prüfe, um sich in Zukunft – jeder nach seiner eigenen Verantwortung in der Kirche – für die Verteidigung und Vertiefung der von HV gelehrten ethischen Wahrheit einzusetzen.

Die Verantwortung, die Euch, liebe Dozenten der Moraltheologie, auf diesem Gebiet auferlegt ist, ist groß. Wer kann den Einfluss ermessen, der Eure Lehrtätigkeit auf die Bildung des Gewissens der Gläubigen und auf die Heranbildung der künftigen Hirten der Kirche hat? Im Verlauf dieser zwanzig Jahre hat es leider bei einer gewissen Zahl von Dozenten nicht an Formen offener Ablehnung dessen gefehlt, was Paul VI. in seiner Enzyklika gelehrt hat.

Unser Jahrestag kann daher Anlass sein, für ein mutiges Überdenken der Gründe, die diese Wissenschaftler dazu geführt haben, solche Standpunkte einzunehmen. Man wird wahrscheinlich herausfinden, dass an der Wurzel der Opposition gegen HV ein irriges, oder wenigstens ungenügendes Verständnis der Fundamente liegt, auf die sich die Moraltheologie stützt.
Die unkritische Übernahme von Forderungen einzelner philosophischer Richtungen, sowie einseitige Verwendung von Daten, die die Wissenschaft bietet, können trotz aller guten Absichten einige Ausleger des päpstlichen Dokumentes auf Abwege geführt haben. Daher ist ein hochherziges Bemühen aller notwendig, um die Grundprinzipien der Moraltheologie besser zu klären und sicherzustellen, wie das Konzil empfohlen hat, dass sie „reicher genährt aus der Lehre der Schrift, in wissenschaftlicher Darlegung die Erhabenheit der Berufung der Gläubigen in Christus und ihre Verpflichtung, in der Liebe Frucht für das Leben in der Welt zu tragen, erhellen" (*Optatam totius* Nr. 16).

DAS PÄPSTLICHE INSTITUT FÜR EHE UND FAMILIE

7. Bei dieser Aufgabe kann ein beachtlicher Beitrag vom Päpstlichen Institut für Studien über Ehe und Familie kommen, dessen Aufgabe gerade darin besteht, „mit wissenschaftlicher Methodik immer mehr die Wahrheit über Ehe und Familie ins Licht zu stellen" sowie Laien, Ordensleuten und Priestern die Möglichkeit zu bieten „auf diesem Gebiet eine wissenschaftliche Ausbildung philosophisch theologischer Art und in den Humanwissenschaften zu erwerben", die befähigt sind, wirksam im Dienst der Familienpastoral zu arbeiten (vgl. *Apost. Konst. Magnum matrimonii*, 3).
Wünscht man jedoch, dass die mit Humanae Vitae und Familiaris Consortio verbundene Problematik auf diesem wichtigen Gebiet der Arbeit und Sendung der Kirche, nämlich in der Familienpastoral, ihren richtigen Platz bekommt und die verantwortliche Reaktion der Laien weckt als der Haupt-Handelnden in einem Wirken der Kirche, das sie derart nahe angeht, dann müssen notwendig in den verschiedenen Ländern weitere Institute wie dieses errichtet werden. Nur so wird die fortschreitende lehrmäßige Vertiefung der Wahrheit möglich sein und die Einleitung von pastoralen Initiativen, die den in den verschiedenen kulturellen und menschlichen Bereichen aufkommenden Bedürfnissen angepasst sind.

Vor allem muss die Lehre der Moraltheologie in den Seminaren und Ausbildungsstätten den Weisungen des Lehramtes entsprechen, so dass aus ihnen Diener Gottes hervorgehen, die die *gleiche Sprache sprechen* (HV Nr. 28) und die „heilsame Lehre Christi in keiner Weise verkürzen" (HV 29). Hier geht es vor allem auch um den Verantwortungssinn der Dozenten, denn sie müssen sicherlich die ersten sein, die ihren Schülern das Beispiel „loyalen innerlichen und äußerlichen Gehorsams gegen das Lehramt der Kirche geben" (HV 28).

SCHLUSSBEMERKUNGEN

8. Im Blick auf die zahlreichen jungen Studenten – Priester oder Laien –, die bei dieser Begegnung anwesend sind, möchte ich mit einem besonderen Gruß auch an sie schließen.
Augustinus, ein Kenner der Tiefen des menschlichen Herzens, schrieb: „Darin besteht unsere Freiheit, dass wir uns dieser Wahrheit unterwerfen" (*De libero arbitrio*, 2,13,37). Sucht immer die Wahrheit! Verehrt die gefundene Wahrheit! Gehorcht der Wahrheit! Es gibt keine Freude ohne solches Suchen, ohne solche Verehrung und ohne solchen Gehorsam.
Bei diesem herrlichen Abenteuer eures Geistes ist euch die Kirche kein Hindernis, sie hilft euch vielmehr. Wenn ihr euch von ihrem Lehramt entfernt, setzt ihr euch der Vergeblichkeit des Irrtums und der Sklaverei der Meinungen aus. Dem Anschein nach mächtig, sind sie in Wirklichkeit schwach, weil nur die Wahrheit des Herrn in Ewigkeit bleibt. Indem ich den göttlichen Beistand auf eure edle Arbeit als Erforscher und Apostel der Wahrheit herabrufe, erteile ich allen von Herzen meinen Apostolischen Segen.

Papst Johannes Paul II.

Aus: Humanae vitae, Christiana-Verlag Stein am Rhein 1991, 2. Auflage.

www.vatican.va/holy_father/john_paul_II/speeches /1988/november/documents/hf_jp-II_spe_19881112_teologia-morale_it.htm
(Das italienische Original der Rede vom 12. November 1988 in der Sala Clementina im Vatikan erschien am 13. November im Osservatore Romano).

Natürliche Empfängnisregelung und Fruchtbarkeitsbewusstsein

ELISABETH RÖTZER
ELISABETTA MEIER-VISMARA

6 Natürliche Empfängnisregelung und Fruchtbarkeitsbewusstsein

ELISABETH RÖTZER

Sympto-thermale Methode nach Rötzer

Natürliche Empfängnisregelung (NER) ist ein Weg, der es erlaubt, eine Schwangerschaft anzustreben oder zu vermeiden. NER beruht auf der wissenschaftlich gesicherten Tatsache, dass es im Zyklus der Frau wenige fruchtbare Tage gibt und die Mehrzahl der Tage des Zyklus unfruchtbar sind. Wenn ein Ehepaar die Zeichen der Fruchtbarkeit erkennt und zu deuten versteht, kann es bewusst eine Schwangerschaft anstreben oder diese – bei Vorliegen von wichtigen Gründen – auch jahrelang vermeiden. Dieses Zyklusgeschehen im Wechsel von fruchtbarer und unfruchtbarer Zeit ist in der Frau als Frau gegeben, ja hineingelegt worden vom Schöpfer.
Und diese Tatsache führt uns zur Lebensaufgabe meines Vaters, zu seiner Überzeugung von Beginn seiner Ehe an, die da lautet:

> **„Wenn die kirchliche Lehre wahr ist, dann muss sie auch lebbar sein!"**

Diese tiefe Glaubensüberzeugung, dass Glaube und Wissen keine Gegensätze sind, führte ihn mit Hilfe seiner Frau dazu, seit 1951 eine Vorgangsweise der NER zu entwickeln, die nichts mehr mit den veralteten Rechenregeln von KNAUS-OGINO zu tun hat, sondern die als sympto-thermale Methode in die Lehrbücher der Gynäkologie aufgenommen wurde, eine Vorgangsweise, die höchste Zuverlässigkeit erlaubt. Am Ende meines Beitrages finden Sie einige *Statements* aus Lehrbüchern der Gynäkologie zur Zuverlässigkeit dieser „Sympto-thermalen Methode nach Rötzer".

Im Rahmen dieses Buches ist es nicht möglich und auch nicht notwendig, die Methode zu erklären. Da bitte ich Sie, liebe Leser, auf die entsprechenden

Bücher, vor allem auf das Buch *Natürliche Empfängnisregelung* von Rötzer zurückzugreifen. In diesem Beitrag möchte ich Ihnen nur ein paar Gedanken zu diesem Weg der NER vorlegen.
Mein Vater begann 1951 mit der Arbeit auf diesem Gebiet. Dabei spielte ein Priester eine wichtige Rolle, und zwar der Jesuitenpater Dr. Felix Löbe, ein Freund meiner Eltern. P. Löbe entdeckte auf der Frühjahrsmesse im März 1951 in Wien ein neues Frauenthermometer mit einer Seite Begleittext. Diesen Text sandte er meinem Vater mit der Anmerkung: „Damit musst du dich jetzt befassen!" Befassen musste sich nicht nur mein Vater, sondern auch meine Mutter, und ihrer ausgezeichneten Beobachtungsgabe ist der weitere Weg zu verdanken. Sie erkannte, dass um die Zeit des Temperaturanstieges verschiedene körperliche Zeichen zu beobachten sind: ein kurz dauernder Schmerz im Unterleib und ein vermehrter Abgang einer schleimigen Flüssigkeit aus der Scheide.
Über diese Absonderung des Zervixschleimes als wichtigstes Zeichen der fruchtbaren Tage der Frau gab es 1951 in der medizinischen Literatur viele Hinweise, aber es wurde sehr stark bezweifelt, ob Frauen diesen Zervixschleim beobachten könnten ...
„Wenn meine Frau mir dies spontan mitteilt, warum sollten es dann nicht auch andere Frauen beobachten können, noch dazu wenn man ihnen die Anleitung dazu gibt?", war die berechtigte Frage meines Vaters, die zum Beginn einer lebenslangen Beschäftigung mit der NER führen sollte, in deren Verlaufe er vielen Tausenden von Ehepaaren helfen konnte und kann.

Aus dieser Erfahrung meiner Eltern ergibt sich auch die Erklärung für den Namen *sympto-thermale Methode*: Das wichtigste Zeichen (*Symptom*) der Fruchtbarkeit ist diese vermehrte schleimige Absonderung aus der Scheide, genannt Zervixschleim. Er wird im Halsteil der Gebärmutter gebildet. Durch das tägliche Beobachten lernt die Frau, diesen Schleim als Zeichen für die mögliche fruchtbare Zeit zu deuten. Und mit Hilfe der Aufwachtemperatur (*thermal*) ist es möglich, die sicher unfruchtbare Zeit zu bestimmen.

Seit über 30 Jahren stehe ich persönlich in der Arbeit der NER und durfte viele Menschen begleiten. Bei jedem Gespräch, in jeder Beratung ist es ganz wichtig, offen zu sein und hinzuhören: in welcher Situation steht diese konkrete Person?
Denken wir an die Situation, wenn eine Schwangerschaft aus lebenswichtigen Gründen nicht verantwortet werden kann; wie dankbar bin ich bei diesen Beratungen, wissen zu dürfen, dass es im Zyklusgeschehen der Frau eine sicher

unfruchtbare Zeit gibt, die mit ganz exakten Auswertungsregeln bestimmt werden kann – ja, wir dürfen diese Ehepaare beraten, und von ihnen kommt die dankbare Aussage über „das Geschenk der sicher unfruchtbaren Zeit im Zyklus der Frau" – kein Verhütungsmittel erreicht diese Zuverlässigkeit! Ich bin voll Dankbarkeit Gott gegenüber, der in Seiner Schöpfung auch diese Zeiten schenkt! ER ist treu, ER lässt diese Ehepaare in ihrer schwierigen Situation nicht im Stich, ER macht keine halben Sachen, sondern ER ist es, der auch diese Phasen der sicher unfruchtbaren Zeit im Zyklusablauf der Frau schenkt.

Viele Anfragen erhalten wir zum Thema *Kinderwunsch*: Wir dürfen mit dem Weg der NER aufzeigen, wo im Zyklus der Frau die beste fruchtbare Zeit liegt. Es ist schön, erleben zu dürfen, wie oft allein der Hinweis auf diese beste fruchtbare Zeit genügt, damit das Einswerden von Mann und Frau zur gewünschten Schwangerschaft führen kann. Immer wieder hören wir: Hätten wir doch die NER schon früher gekannt, wie viele unnötige Untersuchungen hätten wir uns ersparen können!

Es kommt aber auch die Frage nach dem unerfüllten Kinderwunsch – klingt da in der Beratung nicht bereits die Frage auf: was darf der Mensch tun? Welches Menschenbild haben wir vor Augen? Diese Beratungen gehören zu den sensibelsten überhaupt und ich bin sehr dankbar, dass von Wien ausgehend sich eine Gebetsgruppe gerade zum Thema *Unerfüllter Kinderwunsch* gebildet hat, die diese Ehepaare im Gebet begleiten möchte.

Oder es kommt die Frage – ich habe einen unregelmäßigen Zyklus – kann ich da überhaupt NER leben? Wie soll dieser Weg da möglich sein? Wie leben wir NER in der Stillzeit, in den Wechseljahren, bei Schichtdienst ...? Konkrete Anleitungen und Merkblätter dienen als Begleitung für diese unterschiedlichen Situationen.

In unserem Beratungsdienst begegnet uns auch die Frage: Wie leben wir eine notwendig gewordene längere Zeit der Enthaltsamkeit? Denken wir z. B. an länger dauernde Krankheiten – Wie leben wir als Ehepaar dann unsere Fruchtbarkeit, unsere Sexualität?
Da darf ich das Zeugnis von unserem Mitarbeiterehepaar Fam. Eisl andeuten: Jede Schwangerschaft – Familie Eisl hat vier Kinder – war mit großen gesundheitlichen Problemen verbunden, die eine lange Zeit der Enthaltsamkeit erfordert hat. Wie dankbar waren Maria und Heinrich Eisl, dass Heinrich als junger

Mann gerade durch das Leben mit der NER gelernt hatte, mit seiner Sexualität verantwortungsbewusst und in Selbstbeherrschung umzugehen!

Wir dürfen immer mehr Frauen begleiten, die sich selbst und den eigenen Zyklus kennen lernen möchten, als Teil ihres Personseins! Mit Freude denke ich dabei auch an unsere Mitarbeiterinnen, die mit Ordensfrauen über dieses Annehmen des Leibes in seiner ganzen Fülle sprechen. Wie wahr ist das Wort: Seit der Menschwerdung Gottes in Jesus Christus gibt es keine Leibfeindlichkeit!

Die Bedeutung der Zyklusbeobachtung setzt schon lange vor ihrem Einsatz zur Empfängnisregelung ein und geht weit darüber hinaus. Sie betrifft jede Frau, in welcher Lebenssituation sie auch steht. Immer mehr Mädchen entdecken ihre körperlichen Veränderungen als ein faszinierendes Geschehen, durch das sie sich selbst besser annehmen können, und sie formulieren dieses Kennenlernen des eigenen Zyklusablaufes so: „Ich lerne die Sprache meines Körpers verstehen".
Dieses Wissen um die zyklischen Vorgänge im Körper führt zu einer größeren Selbstannahme und zu einem bewussteren Erleben des Frauseins.

Um das Wissen der NER besser verbreiten zu können, wurde 1986 das Institut für Natürliche Empfängnisregelung Dr. med. Josef Rötzer (INER) e.V. zunächst für den deutschen Sprachraum (Deutschland, Österreich, Schweiz mit Fürstentum Liechtenstein, Südtirol in Italien) gegründet, zu dessen Hauptaufgaben die Ausbildung und Fortbildung von Multiplikatoren zählt. Begegnungen mit anderen Ländern haben dazu geführt, dass es auch zur Bildung von INER Italia, INER Georgien, INER Polen und INER Paraguay kam. Im Aufbau begriffen sind INER in Kroatien und in Rumänien. INER Mitglieder arbeiten in mehr als 20 weiteren Ländern weltweit.
Da die von meinem Vater entwickelte Vorgangsweise die Lehraussagen der Katholischen Kirche bestätigt, wurde er 1980 zur Weltbischofssynode nach Rom eingeladen. Im Beisein des Heiligen Vaters, Papst Johannes Paul II., hielt er vor dem versammelten Episkopat ein Referat zu diesem Themenbereich. Bereits 1990 wurde ihm für seine bahnbrechende Arbeit auf dem Gebiet der Natürlichen Empfängnisregelung ein päpstlicher Orden (*Komturritter des hl. Gregor des Großen*) verliehen. 2002 folgte die hohe päpstliche Auszeichnung *Gregorio Magno mit Stern*.
Natürliche Empfängnisregelung erweist sich als weit mehr als eine Methode,

sie führt zu einem verantwortungsbewussten Umgang mit der Fruchtbarkeit, zur verantworteten Elternschaft.

Dieser Weg ist nicht immer einfach, aber: 1951 hat **ein** Ehepaar mit diesem Weg der NER begonnen und heute sind über tausend Mitarbeiter ausgebildet, die diesen Weg weitergeben. Heute liegt das gleichnamige Buch *Natürliche Empfängnisregelung* in der 40. Auflage und in 16 Sprachen vor. Heute wird NER weit über den deutschen Sprachraum hinaus gelehrt.

Was für eine Ermutigung für uns, wie wichtig **eine** Person oder **ein** Ehepaar ist, wenn es den Willen Gottes erfüllt!

KONTAKTADRESSE
Elisabeth Rötzer, Vorstadt 6, 4840 Vöcklabruck,
Tel. 0043(0)7672/23364,
E-Mail: e.roetzer@asak.at
www.iner.org

Auf unserer Homepage finden Sie auch Berateradressen und Kurshinweise.

GRUNDLITERATUR: RÖTZER, JOSEF: NATÜRLICHE EMPFÄNGNISREGELUNG, VERLAG HERDER (2007)

STATEMENTS ZUR ZUVERLÄSSIGKEIT MIT LITERATURANGABEN

„Die Zuverlässigkeit der sympto-thermalen Methode ist bei richtiger Anwendung erfahrungsgemäß sehr hoch und reicht fast an 100 Prozent heran." „Dieses Verfahren geht auf den Österreicher Rötzer zurück".

WULF, K.-H., SCHMIDT-MATTHIESEN H.: KLINIK DER FRAUENHEILKUNDE UND GEBURTENHILFE, HANDBUCH IN 12 BÄNDEN, BAND 2. 3. AUFLAGE 1996, SEITE 256, VERLAG URBAN & SCHWARZENBERG.

„Die Anwendung der sympto-thermalen Methode im Sinn von ROETZER und THYMA bietet eine hohe Zuverlässigkeit."

DÖRING, G.K.: EMPFÄNGNISVERHÜTUNG - EIN LEITFADEN FÜR ÄRZTE UND STUDENTEN, 12. ÜBERARB. AUFL. (1990), SEITE 24, THIEME-VERLAG.

„Sympto-thermale Methode nach Rötzer. Die Kombination von Beobachtung der zyklischen Zervixschleimveränderungen mit der Aufwachtemperaturkurve (Rötzer 1968) stellt die zuverlässigste Methode der natürlichen Empfängnisregelung dar. Sie zählt bei regelrechter Anwendung mit einem Pearl-Index von 0.8 zu den sicheren kontrazeptiven Methoden. Berücksichtigung finden auch die durch Selbstuntersuchung ermittelten zyklischen Veränderungen der Portio bezüglich Größe, Lage und Konsistenz sowie der Öffnungsgrad des äußeren Muttermundes."

DIEDRICH, K (HRSG). GYNÄKOLOGIE UND GEBURTSHILFE. BERLIN: SPRINGER 2000, SEITE 64.

„Bei Patientinnen mit hormonabhängigem Mammakarzinom ist besonders zu beachten, dass östrogenhaltige Ovulationshemmer (Pille) kontraindiziert sind. In dieser Situation ist es wichtig zu wissen, dass es im Zyklus der Frau eine gut erkennbare 100 % unfruchtbare Zeit gibt (sympto-thermale Methode der natürlichen Empfängnisregelung)."

ONKOLOGISCHE KRANKENPFLEGE, 4. AUFLAGE, SPRINGER VERLAG 2006, KAPITEL SEXUALITÄT W. RHOMBERG, M. RHOMBERG, SEITE 491/30.

Natürliche Empfängnisregelung
sympto-thermale Methode – der partnerschaftliche Weg
nach Prof. Dr. med. Josef Rötzer,
31. neubearbeitete Ausgabe 2007, Verlag Herder

Zum Erlernen der Methode ist das Lehrbuch unerlässlich, ein Kurs ist empfohlen
Kurse und Beratung:
www.iner.org und www.familie.kirchen.net

DR. MED. ELISABETTA MEIER-VISMARA

Die Ovulationsmethode nach Billings

Die genaue Feststellung von Anfang und Ende der möglicherweise fruchtbaren Phasen im Verlaufe von Frauenzyklen ist die Aufgabe der verschiedenen NER-Methoden, welche einem Ehepaar erlauben, die Entscheidung über die Kinderzahl in Verantwortung zu treffen. Jede NER-Methode erlaubt nämlich beides: entweder die günstige Zeit für eine Empfängnis zu wählen oder eine Empfängnis vorübergehend bzw. endgültig zu vermeiden.
Die Ovulations-Methode ist unter den Namen des australischen Ärzteehepaares John und Lyn Billings bekannt.
Die zyklischen Schwankungen der weiblichen Sexualhormone bewirken entsprechende zyklische Schwankungen im schleimproduzierenden System des Gebärmutterhalses. Die Beobachtung dieses Geschehens ist einfach und kaum zeitaufwändig: es genügt die persönlichen Zeichen des weiblichen Schleimsymptoms zu beachten und die entsprechenden Empfindungen aufzuschreiben. Selbstverständlich ist die kompetente Unterweisung durch eine in der Billings-Originalmethode ausgebildete Beraterin unentbehrlich.
Für das deutschsprachige Gebiet steht gegenwärtig nur eine kurze, anwendungsorientierte Broschüre zur Verfügung: *Die natürliche Methode – die Billings-Methode* von Anna Cappella (erhältlich bei der Koordinationsstelle der Interessengemeinschaft für Natürliche Familienplanung, im Sand, CH 8775 Luchsingen. E-Mail: huerzele@active.ch).
Darüber hinaus können sehr viele Informationen über die Billingsmethode aus der homepage www.woomb.org entnommen werden.
Die bahnbrechende Entdeckung und Beschreibung des Unfruchtbarkeitsmusters in den 60er Jahren verdanken wir der Ärztin Dr. Lyn Billings. Somit eröffnete sich für die NER ein breiter Anwendungsbereich: mit anderen Worten wurde die Anwendung auf die verschiedensten Umstände des Lebens von geschlechtsreifen Frauen erweitert. Unabhängig davon, ob ein Eisprung bevorsteht oder nicht, ob ein Eisprung stattfinden wird oder nicht.
Die außerordentliche Bedeutung der Billings-Methode besteht nämlich darin, dass die Frau (bzw. das Ehepaar) selbstständig die eigenen Zyklen beliebiger

Art und Länge beschreiben und genau deuten kann. Diese Selbstständigkeit wird dadurch ermöglicht, dass die Lehrunterlagen der Ovulationsmethode nach Billings genaue Richtlinien für alle Lebensumstände aufführen. Das ist in gewissen Lebenssituationen sehr wichtig, wie z. B. in Stresszeiten, in der Stillzeit, nach dem Absetzen von sogenannte hormonalen Verhütungsmitteln und in den Wechseljahren.

Die Bedeutung dieser Methode wurde in vielen europäischen Ländern jahrelang unterschätzt. Inzwischen hat sie in einem Land wie China (wo die ‚Ein-Kind-Politik' aufgezwungen wird) an großer demographischer und wissenschaftlicher Bedeutung sowie an Anerkennung gewonnen. Die Zuverlässigkeit der Billingsmethode steht nämlich in sehr engem Zusammenhang mit folgenden Voraussetzungen:

- Motivierungsgrad des betreffenden Ehepaares (Soll auf eine Empfängnis nur vorübergehend oder endgültig verzichtet werden? Wie ernsthaft sind die Gründe, um eine Schwangerschaft zu vermeiden?)
- Art des untersuchten Kollektivs (sind die Anwender der Methode schon geübt? Sind sie Anfänger? Sind sie zuverlässig?)
- Qualität der Beratung und persönlicher Einsatz der Anwender (richtiges Anwenden von richtigen Richtlinien)

Schließlich wollen wir die neuesten, pädagogischen Vorteile dieses Lebensstils erwähnen. Die Weitergabe der Geheimnisse des Frauenzyklus von Mutter zu Tochter, von der reifen Frau zur jungen Frau stößt zunehmend auf Neugier und Interesse. So sind heute unsere Beraterinnen vielfach in Kursen wie „Mutter und Tochter" oder „Mädchen-over-16" engagiert (siehe www.medicina-educativa.ch) sowie in verschiedenen Projekten der ganzheitlichen Sexualpädagogik (siehe www.teenstar.ch) mit Jugendlichen beider Geschlechter. Zur Ganzheitlichkeit all dieser pädagogischen Initiativen trägt die Billings-Methode bei, indem sie eine einfache und für teenager verständliche Darlegung der weiblichen Fruchtbarkeit ermöglicht.

Breganzona, Schweiz, im Juni 2008

KONTAKT
Dr.med. Elisabetta Meier-Vismara
Medicina Educativa
Via Fontanella 19, CH 6932 Lugano Breganzona
info@medicina-educativa.ch

Überraschende Begleiterscheinungen der Lebensweise Humanae Vitae

MARIA PRÜGL

7 Überraschende Begleiterscheinungen der Lebensweise Humanae vitae

MARIA PRÜGL

Heute bestreitet niemand ernsthaft, dass die Natürliche Empfängnisregelung (NER) auch positive Aspekte hat. Die meisten denken dabei an die Gesundheit der Frau und die Umweltbelastung durch Hormone und meinen, das seien im Wesentlichen die Vorteile, die den zahlreichen Nachteilen gegenüberstehen. In diesem Beitrag geht es darum, dass NER überraschend viele, sehr wichtige und ausschließlich positive Begleiterscheinungen mit sich bringt. Es zeigt sich zudem, dass diese Nebenwirkungen bei näherer Betrachtung eigentlich zu Hauptwirkungen werden. NER hat ausschließlich positive Aspekte, nicht zu verwechseln mit anspruchslos, im Gegenteil mit Opfer verbunden und ohne die Gnade Gottes nicht lebbar. Diese Begleiterscheinungen sind positiv für das gesamte Ehe- und Familienleben und darüber hinaus im Hinblick auf Kirche und Gesellschaft. Die prophetische Bedeutung dieser viel geschmähten Enzyklika zeigt sich umgekehrt ebenso in den großen Problemen unserer Gesellschaft (HV 17) aufgrund der jahrzehntelangen Missachtung der Enzyklika, wie Papst Paul VI. es vorausgesagt hatte.

Im vorliegenden Kapitel geht es um die positiven Begleiterscheinungen von NER – HV. Im Lauf der jahrzehntelangen Vortragstätigkeit ist diese Sammlung entstanden. Aufzählungen dieser Art sind nie vollständig, beinahe täglich kommen neue Aspekte dazu. Mittlerweile ist das zu einem Forschungsprojekt geworden. Die konkrete Zuordnung ist nicht immer eindeutig, einiges passt zu Medizin wie auch zu Gesundheit, aber das ist ja nicht so wichtig. Wichtig ist die Erwähnung, dass die NER nicht bloß als Methode, sondern als Lebensweise verstanden wird.

Die konkreten Begleiterscheinungen

GESUNDHEITLICHE UND MEDIZINISCHE ASPEKTE

NER hat keine gesundheitlichen Risiken und schaltet alle negativen Folgewirkungen aus, die Verhütungsmittel an sich haben. Diese gesundheitlichen Nebenwirkungen aufzulisten, lohnt sich tatsächlich. Es geht nicht nur um Krebs und physische Gesundheit, es geht auch um psychische, um pädagogische und soziologische Folgewirkungen. Bleiben wir beim Krebs: NER reduziert z. B. das Krebsrisiko erheblich (Brust und Gebärmutterhals), indem auf Hormone verzichtet und zugleich ein entsprechendes Sexualverhalten gelebt wird. Die Österreichische Krebshilfe nennt als Ursachen des Gebärmutterhalskrebses: zu früher Geschlechtsverkehr, Partnerwechsel (unreifes Immunsystem und Symbiose des individuellen Eiweiß) und zu häufiger Geschlechtsverkehr (mechanischer Faktor?). Man lese und staune: Im neu aufgelegten Falter sind die angesprochenen Aspekte nicht mehr erwähnt mit der Begründung: Man wolle sich ideologisch nicht einmischen!

Interessante Beobachtungen kommen aus dem orthodoxen Judentum, heute eine kleine Gruppe: Aufgrund des Mosaischen Gesetzes, dessen Lebensweise alle Kriterien der NER erfüllt, gibt es praktisch keinen Muttermundkrebs. Hingegen hat das liberale Judentum die Krebsraten der säkularisierten Gesellschaft. Dieselben Ergebnisse brachte auch der erste Massenversuch der Amerikaner mit der „Pille" in Costa Rica: Der Verhütung folgte ein geändertes Sexualverhalten (Promiskuität) und ein Anstieg des Muttermundkrebses. (Siehe Chronologie)

NER verhindert Pilz und Ausfluss, Verhütung fördert es. Besonders negativ betroffen sind wieder die Jugendlichen, da ihr Immunsystem noch nicht ausgereift ist. Sie fangen alle diese Krankheiten deshalb leichter ein. An der bakteriellen Scheidenflora kann man gewissermaßen das sexuelle Vorleben und auch die eheliche Treue ablesen. Das ist ein biologischer Befund und kein moralischer.

NER schafft Bewusstseinbildung, dass Schwangerschaft keine Krankheit ist, sondern etwas *Gesundes* und *Normales*. Zykluswissen und NER bewirken Wertschätzung der Fruchtbarkeit und zwar im gesamten Eheleben.

NER bietet den frühesten Schwangerschaftstest (ab 25. Tag) und ermöglicht so eine positive Einstellung zum Kind von Anfang an. NER ermöglicht zudem die korrekte Berechnung des Entbindungstermins.

NER lässt jene Tage finden, an denen 100% keine Schwangerschaft eintreten kann, ein Geschenk für Frauen, die bei Lebensgefahr nicht schwanger werden dürfen.

NER hilft, auch in der Stillzeit die unfruchtbaren Tage exakt einzugrenzen.

NER und Zyklusbeobachtung bieten oft Hilfe bei Kinderwunsch, heute ein wichtiger Punkt. Zyklusbeobachtung macht auf geheimnisvolle Weise unregelmäßige Zyklen regelmäßiger und kürzer, jugendliche Zyklen rascher reif, reifer auch die Mädchen.

Zyklusbeobachtung erkennt die Vorboten der nahenden Blutung und lässt zyklusbedingte Stimmungsschwankungen leichter einschätzen.
Zyklusbeobachtung zeigt schließlich am Ende der Fruchtbarkeit den tatsächlichen eingetretenen Beginn der Wechseljahre. NER und Zyklusbeobachtung lassen ungewöhnliche Blutungen besser erkennen, ein diagnostisches Motiv in Bezug auf Krebsvorsorge.

NER und Zykluswissen schaffen Kompetenz gegenüber Frauenärzten. Auch können sich NER-Frauen wesentlich längere Abstände der Frauenarztbesuche erlauben, „Pillenfrauen" sind bereits halbjährlich dazu aufgefordert.
NER und Zykluswissen schaffen Bewusstseinsbildung, dass Fruchtbarkeit und Kinderzahl Verantwortung der Eltern ist und nicht der Ärzte, die sich bei „Verhütungsfrauen" unverständlich aufdringlich zeigen. Auch nach Entbindungen machen Ärzte Druck auf die Eltern, nur NER Eltern erwehren sich erfolgreich einer Sterilisation der Mutter.

NER ist zuverlässig und verhindert so Abtreibungen. Begründung: NER schafft Eigenverantwortung, auch ein überraschend sich meldendes Kind wird angenommen ohne einen Versuchung, abzutreiben. Überraschende Schwangerschaften bei Versagen der Verhütungsmittel führen häufig zu Abtreibungen, weil genau diese Eigenverantwortung nicht wach ist. NER hat klarerweise keine frühabtreibende Wirkung, wie sie heute die meisten Pillenpräparate haben (siehe Beipacktext). NER verhindert so das Post-Abortion-Syndrom, ein unbeschreibliches Leiden für alle Betroffenen (siehe: *Myriam, warum weinst du?* ISBN: 3-9521192-0-2).

GELÖSTE FREUDE IM EHELICHEN LEBEN

NER schenkt gelöste Freude an fruchtbaren und unfruchtbaren Tagen, die meisten Tage im Zyklus sind übrigens unfruchtbar! NER belebt die Liebe immer neu und hält sie auf diese Weise jung. NER festigt die eheliche Einheit, nicht nur punktuell, sondern für das gesamte eheliche Leben. Die periodische Enthaltsamkeit wirkt wie ein Gegenmittel zu Langeweile und Eintönigkeit. Aus dem gleichen Grund ist auch das Gegenteil wahr: Verhütung verletzt nicht nur die Fruchtbarkeit, sondern auch die Liebe. NER erfordert ein monatliches Training der periodischen Enthaltsamkeit, auf diese Weise bleiben Erotik und Spannung erhalten. Übrigens auch im Wechsel, denn Lust ist nicht von Hormonen abhängig, sondern von der Liebe zur Person. Der liebevolle Umgang macht die Frau bereit für die Begegnung, relativ unabhängig vom Östrogen.

NER schenkt der Frau besondere Genüsse: Im Sperma des Mannes sind Stoffe enthalten, die ihre Schönheit und den inneren Frieden fördern, „sie blüht auf!" Mit Kondom und unterbrochenem Verkehr wird sie um diese Genüsse buchstäblich betrogen. (Quellen: The intervaginal Absorption of Male Generated Hormones and their possible Effekt of female Behavier; P.G. Ney, Clinical School of Medicine, University of Otago, Christchurch Hospital, New Zeeland).

NER ist zuverlässig und nimmt so den Frauen die Angst, überraschend schwanger zu werden. NER fördert Zärtlichkeit, das Lebenselixier der Frau. Frauen berichten immer wieder, wie gut es tut, *brutto* und nicht *netto* geliebt zu werden, einschließlich der Fruchtbarkeit.

NER fördert die Gesprächskultur, die meistens erst entfaltet werden muss besonders zu den Themen Sexualität, Fruchtbarkeit, Verantwortete Elternschaft, Empfängnisregelung, Weitergabe des Lebens. Die Gesprächskultur zeitigt die Entfaltung eines Wortschatzes auch für den geschlechtlichen Bereich. Das ist offensichtlich auch trotz Aufklärung nicht so einfach.

NER erleichtert wesentlich die Selbstannahme der Frau. NER fördert die Würde beider, des Mannes und der Frau. Der Mann nimmt den Zyklus nicht so unmittelbar wahr wie die Frau – es ist nicht sein Körper – doch durch die Mitteilungen der Frau wird das Gespräch darüber gefördert. Wenn Männer beginnen, sich für den Zyklus der Frau zu interessieren, wird das oft als besonders erotisch erlebt. Da der Mann keinen eigenen Zyklus hat, bekommt er den seiner Frau geschenkt, gemeinsam haben sie einen Zyklus zu bewältigen.

POSITIVE VERÄNDERUNG DER VERANTWORTETEN ELTERNSCHAFT

NER ist partnerschaftlich im besten Sinn des Wortes, Verantwortete Elternschaft wird zur gemeinsamen Verantwortung, ist weder seine noch ihre Sache allein.

NER gebiert Staunen über die Entstehung des Lebens und die Sehnsucht nach einer größeren Familie. NER stärkt das erzieherische Verantwortungsbewusstsein, das eigene *Warten-können* wird zum pädagogischen Prinzip: Erwartetes wird kostbarer! NER hilft den Eltern, einen guten Wortschatz zu entfalten und ihre Kinder einzuführen in die Bereiche: Liebe, Fruchtbarkeit und Verantwortung. Sie nehmen dies als Elternrecht wahr und nicht als lästige Pflicht! Altersgerechte Sexualerziehung muss der Schule vorausgehen, denn die Kinder sind unterschiedlich reif, die Schule soll die Eltern unterstützen, nicht ersetzen. In der Familie soll man früh beginnen und organisch weiterbauen, Anlässe zu Fragen bietet das Familienleben selbst. Ein Vater erklärte: „Drei Themen sollen um den Familientisch dauerhaft kreisen: Glaube, Sexualität und Politik" (Schutz

vor Ideologien). Durch diese Gesprächskultur bauen Eltern und Kinder an einer gemeinsamen Familienwelt. Noch etwas Wichtiges: Kompetente Eltern in Sachen Sexualität, Liebe, Fruchtbarkeit und Empfängnisregelung von Kindheit an, werden auch in der Pubertät der Kinder ernstgenommen, wenn die Fragen *heikel* werden. Wenn Eltern in solchen Sachen kompetent sind, werden sie auch in Sachen Glaube ernst genommen!

NER-Familien haben in der Regel Mut zu mehr Kindern, nicht mangels der Methode (wie gern behauptet wird), sondern weil der Wusch nach Kindern wächst. NER Eltern entdecken eher, dass Kinder ein Geschenk des Schöpfers sind, eine Gabe des Herrn (Ps 127). So verantwortete Kinder werden mit Liebe und Freude erwartet und auch ein überraschend sich anmeldendes Kind wird gerne angenommen. Mann und Frau haben kein Recht auf ein Kind, hingegen haben Kinder ein Recht auf Eltern. Im Kind nimmt die Liebe seiner Eltern Gestalt an. Die Liebe dieser beiden Eltern, dieser Nacht wird sichtbar, unauslöschliche Gegenwart. Ein Kind ist ein Wert an sich, der angenommen werden will. Kinder tragen zur Entfaltung der Persönlichkeit der Eltern wesentlich bei. Sie ermöglichen es Mann und Frau, ihre väterlichen und mütterlichen Fähigkeiten zu entwickeln. Größere Familien lassen das Kind unter Geschwistern heranwachsen, was auf die Persönlichkeit einen großen Einfluss hat.

WACHSTUM IM GLAUBEN

NER bewirkt ein Staunen über die Schöpfung, das Wunder des Zyklus und das Wunder der Lebensweitergabe. Das führt früher oder später zu Fragen des Glaubens. Eheliches Einswerden und NER werden durch das Sakrament der Ehe zu einem heiligen Geschehen, und auch so empfunden. NER schenkt den Eheleuten den Frieden des Gewissens durch das Leben in der Gnade. Die Bewusstwerdung des biblischen Ein-Fleisch-werdens fördert im Gesamten eine positive Familienatmosphäre, ebenso die Entfaltung der Tugenden und so das Wachstum gesunder, stabiler und gläubiger Personen. Die Liebe zur Kirche erwacht: Auch Nicht-Katholiken entdecken die „Kirche als Anwalt der Liebe und des Lebens" und Fernstehende beginnen, „sich für den Papst zu interessieren" (Siehe Schott Hahn S. 121)

Ohne NER bloß fromm sein, ist nicht katholisch: Aus Amerika erreichten uns sensationelle Berichte: Praktizierende Katholiken, die auch NER leben, haben praktisch keine Scheidungen. Unter Berufung auf wissenschaftliche Studien heißt das:

- Paare, die nur standesamtlich heiraten, haben ein Scheidungsrisiko von 50%.
- Paare, die kirchlich heiraten, haben ein Scheidungsrisiko von 33%.

- Ehepaare, die auch kirchlich praktizieren, haben ein Scheidungsrisiko von 2%.
- Ehepaare, die kirchlich praktizieren, gemeinsam beten und NER leben, haben ein Scheidungsrisiko von nur 1 auf 1000 Ehepaare. Die NER Lebensweise wäre für Kirche und Staat eine sensationelle Sache!

(Als Quellen werden angegeben: *Chicago Catholik*, W. and N. Lullen, 1980; *NFP Update*, Office of NFP Diocese of Charleston, vol. 4, Nr. 2June 1991; *Humanae Vitae – a generation later*, Dr. Jan Smith, p. 127, 1991; *The new Counter Culture*, Philipp Lauler, The Wallstreet Journal, August 13, 1993; *Family of Americans*, P.O. Box 1170, Dunkirk, MD 20754. E-Mail: family@upbeat.com; www.familyplanning.net

Internationale Studie NER und eheliche Liebe im deutschsprachigen Raum:
In Österreich startete im Juli 2008 eine Internationale Studie für den deutschsprachigen Raum: NER und Auswirkung auf Ehe und Familie. Das gemeinsame Projekt Analyse der Anwendung von NER und ihres möglichen Einflusses auf Ehe und Familie wurde vom Referat für Ehe und Familie der Erzdiözese Salzburg, dem Arbeitskreis für NER des Ehe- und Familienzentrums der Diözese Feldkirch und dem Institut für Natürliche Empfängnisregelung nach Prof. Dr. med. Josef Rötzer initiiert. Es wird unterstützt durch den Diözesanbischof Dr. Elmar Fischer aus Feldkirch und dem Weihbischof Dr. Andreas Laun aus Salzburg. Die Studienleitung hat das Arztehepaar Univ. Prof. Dr. med. Walter und Dr. med. Michaela Rhomberg, Bludenz, Vorarlberg, übernommen. Der Fragebogen wurde im ersten Durchgang an 1150 NER Anwender ausgesandt mit je zwei Exemplaren für getrennte Auswertung: Mann/Frau. Ergebnisse und weiterer Verlauf der Studie sind zu erfragen über die folgenden Adressen: www.familie.kirchen.net oder walter.rhomberg@gmx.at oder www.iner.org

DIREKTE UND INDIREKTE JUGENDARBEIT

HV spricht zu Ehepaaren, nicht direkt zu Jugendlichen. Die Auswirkungen auf Jugendliche sind eher indirekter Natur. Bei unseren Kursen sind aber immer auch Jugendliche dabei, die bewusst das Gespräch über NER suchen. Direkt und indirekt können wir über den Weg der Zyklusbeobachtung zu Liebe, Fruchtbarkeit, Brautzeit und Schöpfung reden. Zugleich sind so gebildete Eltern die ersten und wichtigsten Jugendarbeiter. Eltern und Lehrer brauchen gute Argumente, einige seien hier angeführt. Die Zyklusbeobachtung erleichtert Mädchen die Selbstannahme, was besonders in der Pubertät wichtig ist; sie lässt den Zyklus schneller reifen als die üblicherweise notwendigen etwa hundert angegebenen unreifen Zyklen. Der jugendliche Zyklus ist ja ungeeignet zur NER, das biologische Faktum bietet uns die Möglichkeit zum Gespräch über wahre Liebe und Kriterien zur Entscheidung für die Ehe: Es braucht einen klaren Verstand und einen verfügbaren Willen zum Gefühl (das ja mehrmals am Tag wechselt). Über biologische Fakten vom ethischen Sollen zu reden, ist ein guter Weg.

„Miteinander schlafen" – ein unzutreffender Ausdruck!
Im „Miteinander schlafen", der landläufige und unzutreffende Ausdruck für Geschlechtsverkehr, geschieht biblisches „Ein-Fleisch-werden", medizinisch schon nach zwanzig Minuten nachweisbar in der Ausatmungsluft der Frau oder auch im Blut. Mann und Frau gehen also eine biologisch irreversible Verbindung ein, zumindest was die Frau angeht. Der Partnerwechsel wird zu Recht schmerzlich empfunden, bildlich gesprochen wie ein „Auseinanderreißen", bei dem beide verletzt zurückbleiben. Nicht selten betrauern Menschen ihre Jugendzeit, wenn sie um diese Zusammenhänge wissen: „Uns hat das niemand gesagt, weder der Pfarrer, noch die Eltern ...!"
„Wir liebten uns ein bisschen und teilten uns die Hausarbeit ein bisschen. Nun bin ich ein bisschen schwanger und du hast plötzlich festgestellt, dass dieses bisschen zu wenig ist und bist gegangen", meinte eine zeitgenössische Schriftstellerin. Meistens zahlt das Mädchen als potenzielle Mutter die Zeche: „Sie kann sich nicht von ihrer Gebärmutter davonstehlen", sagte Walter Trobisch.

Was, wenn wir „zu weit gegangen" sind?
Die Jugend braucht Argumente, wie sie die biblische Lebensweise vor ihresgleichen verteidigen kann. Wir können ihr über den Zugang Biologie viele und treffende Argumente sagen. Wissen und Argumente machen stark, schützen vor Verletzungen und daraus folgender Bindungsangst. Wissen fördert Bewusstseinsbildung, damit Menschen den Geschlechtsverkehr nicht einfach konsumieren wie Fast-food, um leer und verletzt zurückzubleiben. Jugendliche sind zumeist froh, wenn sie ernsthaft ihre tieferen Empfindungen aussprechen können, wenn sie Klarheit erfahren, auch wenn sie nach außen hin protestieren (müssen). Junge Mädchen erzählen gelegentlich, dass sie den Geschlechtsverkehr oft nicht so schön empfunden haben, wie Medien das vorgaukeln. Sie geben zu, dem Burschen nachzugeben, um ihn nicht zu verlieren. Der Gruppendruck ist enorm: Möglichst früh einen Freund und Sex, eine verrückte Mode und gegen die Kirche sein.
Wir können den Jugendlichen mittels der Sprache des Körpers (Zyklus) ermöglichen, ihre geheime Sehnsucht zuzulassen: Jeder möchte für den anderen im Grunde der Erste und Einzige sein, universale Erfahrung aller Menschen, auch

Märchen und Mythen erzählen davon. „Was tun, wenn wir zu weit gegangen sind?" fragen Jugendliche, wenn die Sehnsucht nach vorehelicher Reinheit schließlich durchbricht. Eine Gelegenheit, die Beichte anzusprechen, die wunderbare große Waschmaschine. Es ergeben sich Gespräche, wie man die Jugendzeit leben könnte.

Perspektiven zeigen und Verantwortung überlassen

Die Jugend hat es heute schwer: Wenn die Kirche die biblische Sicht der wahren Liebe aufzeigt, wissen wir wohl, dass die Jugend es schwer hat heute. Ihr wird zugemutet, gegen den Strom zu schwimmen ohne Hilfestellung gesellschaftlicher Normen und Konventionen. Sie wird sich möglicherweise einsam fühlen in ihrer Umwelt, in der Schule. Manche Jugendlichen beginnen zu zweifeln, ob sie normal sind, wenn sie nicht schon mit 15 oder auch 20 Jahren intime Beziehungen pflegen und noch immer keinen Geschlechtsverkehr hatten.

Das Ideal der vorehelichen Reinheit

ist, menschlich gesprochen, geradezu hoffnungslos. Nur der lebendige Gott – in ihm hat jede Liebe ihren Ursprung – wird seinen Geist schenken und sie fähig machen, die Wahrheit zu lieben und aufrichtig zu suchen. Er wird sie fähig machen, öffentlich zu zeigen, was Liebe heißen kann. Sie werden Zeugen sein, zu welchem Verzicht sie um der Liebe willen fähig sind und wie die eheliche Liebe zur Herrlichkeit der Welt gehört. Volles eheliches Einswerden ist Glückseligkeit von Leib und Seele. Das von der Kirche verkündete Ideal der Liebe ist nur aus der übernatürlichen Liebe, wie Christus sie schenkt, ganz zu verwirklichen.

VOLKSWIRTSCHAFTLICHE ASPEKTE

NER als Lebensstil wird größere Familien hervorbringen, weil ein entsprechendes Bewusstsein gewachsen ist: Kinder sind ein Geschenk! Solche Ehepaare leisten sich mehr Kinder, auch heute! Mehr Kinder bedeutet, dass sie belastungsfähiger und die sozialen Tugenden ausgeprägter sind. Gesündere Familien bewirken eine gesündere Gesellschaft.

NER wird das Gesundheitssystem entlasten, Verhütung belastet es. Weniger Krankheiten, weniger Arztbesuche, Sanierung der Krankenkassen. NER verursacht keine Folgekosten.

NER belastet das Wasser nicht mit Hormonen, wie die Pille das tut.

APOSTOLATSGEIST

Durch die positiven Erfahrungen wird der missionarische Geist entfacht, in der eigenen Familie, in der Nachbarschaft und im Freundeskreis, in der Pfarrei und wo immer sich Gelegenheit bietet. Die vielen Multiplikatoren von NER berichten über ihre ermutigenden Erfahrungen in den Kursen und sind mit einem *eigenen* Eifer unterwegs im Apostolat. Nicht die Mengen von Interessierten beflügeln sie im Eifer, sondern das ganz Eigene der Botschaft!

Hartnäckige Vorurteile gegenüber NER

ZUVERLÄSSIGKEIT

Die Natürliche Empfängnisregelung ist bei richtiger Anwendung zuverlässiger als alle Verhütungsmittel, was letztlich nochmals und eindeutig für NER spricht. Zur Zuverlässigkeit einer Methode wird der sogenannte Pearl-Index angegeben: Coitus Interruptus (Aufpasser, Rückzieher): 10-20; Kondom: 3; Scheidendiaphragma mit Creme: 4; Spirale: 3,5; Spirale mit Kupferzusatz: 1,6; Vaginaltabletten: 7; Vaginalcreme: 8; Schaum-Spray: 7,6; Schaum-Ovulum: 5; „Pille": 0,2-0,8; „Minipille": 0,9-3,1; Operative Sterilisation: 3-10. (Quellen: Prof. Dr. G. K. Döring, Wulf und Schmidt-Matthiesen, Prof. Dr. J. Rötzer, in *Natürliche Empfängnisregelung*, Verlag Herder, Seite 101); NER: 0,8 (vergl. S. 92) Die Verhütungsmittel kommen nicht an diese Zuverlässigkeit heran und haben zudem erhebliche gesundheitliche und psychologische Nebenwirkungen.

PERIODISCHE ENTHALTSAMKEIT

NER als Lebensweise enthält periodisch wiederkehrende Zeiten der Enthaltsamkeit. Vorteil oder Nachteil? Nun, Periodische Enthaltsamkeit in anderen Bereichen wie Essen, Trinken oder anderem Konsum, wird heute als sinnvoll erkannt und in Bildungshäusern angeboten. Die Wirkung ist Reinigung der Sinne, Reinigung der Sehnsucht, Hunger und Durst wieder erleben und letztlich folgt dadurch Erhöhung des Genusses. Dieses Prinzip gilt auch für die Liebe zwischen Mann und Frau. Enthaltsamkeit, wovon? Doch nicht von Liebe, sondern periodischen Verzicht auf geschlechtliche Vereinigung. Dieser Verzicht fördert alle anderen Ausdrucksweisen von Liebe, die vielleicht (auf Grund des zu häufigen Geschlechtsverkehr) oft zu kurz kommen! Periodische Enthaltsamkeit fördert die breite Palette der Zärtlichkeit, das Lebenselixier der Frau schlechthin. Sie liebt es, im Arm ihres Mannes einschlafen zu können ohne die heimliche Frage nach mehr! Die Frau erlebt dieses „Sich-zurücknehmen-Können" des Mannes als besonderen Liebeserweis. Was jederzeit zur Verfügung steht, rutscht unbemerkt in die Bedeutungslosigkeit und wird allzu leicht gedankenlos konsumiert.

„LIEBE NACH KALENDER"...
störe die Spontaneität! Das klingt so plausibel, entspricht aber nicht der Wirklichkeit! Sind Menschen wirklich immer gemeinsam spontan? Was, wenn das offensichtlich sehr bald nicht mehr so ist?

WENN DIE LIEBE AM SCHÖNSTEN IST?

Oft wird auch behauptet, für die Frau sei die Liebe am schönsten in der fruchtbaren Zeit, also sei die Enthaltsamkeit gegen die Natur. Dagegen ist einzuwenden: Der Mensch ist Person und relativ unabhängig von Hormonen. Darum kann die sexuelle Liebe auch nach den Wechseljahren (ohne Östrogen!) schön sein und manche behaupten, sie sei noch schöner geworden. Die Fruchtbarkeit ist bewältigt und man hat sich ein Leben lang trainiert in Hingabe und Annahme. Mann und Frau sind immer bereit, wenn der Alltag liebenswürdig und werbend ist. Die weit verbreitete Verhütungspraxis hat die Ehen nicht glücklicher werden lassen.

WAS IST ZU TUN?

NER als Lebensstil ist ein wichtigstes Thema in der Ehe- und Familienpastoral, nicht das Wichtigste, schon gar nicht das Einzige. Doch hat die Ehe- und Familienarbeit ohne diese Einbeziehung von NER kein Fundament. Wie soll man etwa das Ehesakrament ohne NER vermitteln (HV Nr. 9)? Wie kann man von Hingabe reden ohne Leben im Zyklus?

NER lässt sich ohne Mühe organisch einbauen in alle Themen und Bereiche: Jugendarbeit, Verlobung, Ehevorbereitung, Akademie für Ehe und Familie, Verschiedenheit von Mann und Frau, Erziehung. Wichtig scheint mir, dass bei der Vermittlung nie bloß von NER geredet wird, sondern immer unter der Überschrift Liebe und deren Bedingungen. Es geht auch nicht um Sexualmoral, sondern um Ethik der Liebe, NER dient der Liebe. Wir sollen immer besser lernen, eine gute und unverkrampfte Sprache von Liebe und Sexualität zu finden. Vierzig Jahre nach HV stehen wir noch immer am Anfang, es gibt so viel zu tun! HV ist Teil der Neuevangelisierung und ist der Knackpunkt. HV ist weder progressiv noch konservativ, sondern einfach voller Lebensweisheit!

Salzburg, 15. Juli 2008

Verantwortete Elternschaft und „gute Gründe"

RICHARD UND MARIA BÜCHSENMEISTER

8 Verantwortete Elternschaft und „gute Gründe"

MARIA UND RICHARD BÜCHSENMEISTER

Gerechte Gründe zur großherzigen Entscheidung für oder zum notwendigen Verzicht auf Kinder

Als neun Monate nach unserer Hochzeit unser Ältester auf die Welt kam, freuten sich alle, dass „es" so schnell geklappt hatte. 18 Monate später kam ein Mädchen dazu. Auch wenn man augenzwinkernd meinte, wir gingen es sehr rasant an, so war doch der Grundtenor, dass wir jetzt ja ein Pärchen hätten, einen blonden Buben und ein dunkles Mädchen, „...mehr braucht man wirklich nicht!", wie eine uns völlig unbekannte, resolute Wienerin meinte. Folgerichtig reagierten bei unserem dritten Kind die einen mit Sorge: „Ihr solltet mehr an euch selbst denken, euch mehr schonen.", die anderen schoben es auf „diese Natürliche Empfängnisregelung" und ein Priester empfahl uns *Humanae vitae* zu lesen.

Inzwischen haben wir zehn Kinder, leben damit in einer Familie jenseits der Vorstellungskraft vieler Zeitgenossen, ernteten ab dem vierten Kind jedoch überwiegend positive Kommentare. Überspringt man in Österreich die 3-Kind-Grenze, so wird dies offensichtlich als einer von vielen möglichen *Lebensentwürfen* gesehen, toleriert und sogar positiv bewertet.
Humanae vitae kannten wir bereits, doch – den veränderten eigenen Lebensumständen entsprechend – liest man dieses Dokument immer wieder mit neuen Augen, erkennt neue Aspekte, ...

Diese Enzyklika ist bei weitem mehr als alleinige Ermunterung an Eheleute, neuem Leben gegenüber offen zu sein oder gar die bloße Verneinung von Verhütungsmitteln! Sie ist ein Loblied auf die eheliche Liebe und eine konsequente Darstellung der Person in ihrer Einheit von Leib und Seele. Die Absätze über verantwortliche Elternschaft sprechen viele Ehepaare besonders an. Sie verlangen im praktischen Leben ein klares „Ja" oder „Nein", denn man bekommt ein „ganzes" Kind oder eben keines!

Einheit zwischen Mann und Frau, im eigenen Inneren und mit Gott

Die wichtigste Voraussetzung, verantwortete Elternschaft leben zu können, ist die Einheit der Eltern und es kann nicht genug getan werden, um diese immer wieder neu anzustreben: die „... ursprüngliche Einheit, deren sich der Mensch im Stand der anfänglichen Gerechtigkeit erfreute." (MD 9)

EINHEIT ZWISCHEN MANN UND FRAU

Spricht man von verantworteter Elternschaft, so betrifft diese Thematik weder nur die Mutter, noch nur den Vater, sondern beide als Eltern bzw. als Ehepaar. Die Liebe, welche die beiden verbindet, ist nicht nur der Ursprung der Familie, sondern auch die Grundlage des alltäglichen Familienlebens. Je mehr wir diese Einheit pflegen und fördern, umso besser geht es uns selbst und folglich auch unseren Kindern. Sind wir glücklich, so verleiht uns dieses Glück Schwung für den Tag.

So besteht eine grundlegende Aufgabe darin, „ ... täglich zu einer immer reicheren Verbindung miteinander auf allen Ebenen fortzuschreiten – einer Verbindung der Körper, der Charaktere, der Herzen, der Gedanken, der Wünsche, der Seelen – und so der Kirche und der Welt die neue Gemeinschaft der Liebe zu offenbaren, die durch die Gnade Christi geschenkt wird." (FC 19)

In der Hierarchie der Liebe steht also die Liebe zwischen Mann und Frau über der Liebe zu den Kindern, nicht als Konkurrenz, sondern zu ihrem Wohl.

EINHEIT ALS PERSON

Diese Einheit betrifft nicht nur den zwischenmenschlichen Bereich, sondern auch die Person als solche. Wie sollen wir mit anderen eins sein, wenn wir nicht einmal mit uns selbst zur Rande kommen und widersprüchlich handeln. Jeder von uns weiß, wie schwer es ist, Erkanntes auch in die Tat umzusetzen. Den Willen aufzubringen, das Gute und Richtige erst einmal zu erkennen und dann danach zu handeln, wird wohl für uns alle eine Aufgabe für das ganze Leben sein. Wie schätzen wir doch Menschen aus „einem Guss", die nicht groß reden, sondern in Stille und Demut entschlossen das tun, was sie als richtig erkannt haben.

EINHEIT MIT GOTT

Nicht zuletzt brauchen wir, wie das tägliche Brot, die „Verbundenheit mit Gott. Sie ist Quelle der Einheit im eigenen Inneren, in der gegenseitigen Beziehung zwischen Mann und Frau und schließlich im Verhältnis zur Außenwelt, zu den

Dingen der Natur" (MD 9). Dazu bietet die Kirche neben dem persönlichen Gebet zwei wichtige Quellen an, die anzuzapfen wir eingeladen sind: die heilige Messe und die Beichte.

Wir sind Mitarbeiter Gottes

Die natürlichste Folge der liebenden Vereinigung der Ehegatten sind die Kinder, sie sind „lebendiges Zeugnis der gegenseitigen Ganzhingabe" (FC 28). Sie sind weder das einzige Eheziel, noch der Hauptgrund der ehelichen Vereinigung, doch sind sie untrennbar mit ihr verknüpft. Der neue Mensch wird nicht von seinen Eltern erschaffen. Gott ist der Schöpfer, der dieses Kind von Ewigkeit her erwartet und für die Ewigkeit bestimmt hat. Die aus der Liebe erwachsende Fruchtbarkeit ist kein Tatbestand, den man als „guter Christ" annehmen und tragen muss. Kinder sind ein unermessliches Geschenk und tragen sehr zu unserem persönlichen Glück bei. Paare die ungewollt auf Kinder verzichten müssen, erkennen dies in ihrem Leid sehr klar, und schätzen kinderreiche Familien oft besonders.

Alles was in unsere Natur gelegt ist, hat aber eine – uns auf den ersten Blick verborgene – tiefere Bedeutung. „Die Gabe des Hl. Geistes ... hilft ihnen, die menschliche Geschlechtlichkeit nach dem Plan Gottes und als Zeichen der einigenden und fruchtbaren Liebe Christi zu seiner Kirche zu leben." (FC 33)

WAS SAGT DIE HL. SCHRIFT ZUR WEITERGABE DES LEBENS?

Gott gibt von Anfang an einen klaren Auftrag, er möchte die aktive Mitarbeit des Menschen:

- „Gott segnete sie, und Gott sprach zu ihnen: Seid fruchtbar, und vermehrt euch, bevölkert die Erde, unterwerft sie euch ..." (Gen 1,28)
- „Dann segnete Gott Noah und seine Söhne und sprach zu ihnen: Seid fruchtbar, vermehrt euch, und bevölkert die Erde!" (Gen 9,1)

Kinder werden als Gabe Gottes gesehen:

- „Kinder sind eine Gabe des Herrn, die Frucht des Leibes ist sein Geschenk". (Ps 127,3)
- „Wie ein fruchtbarer Weinstock ist deine Frau drinnen in deinem Haus. Wie junge Ölbäume sind deine Kinder rings um deinen Tisch. So wird der Mann gesegnet, der den Herrn fürchtet und ehrt". (Ps 128,3-4)
- „Wie Pfeile in der Hand des Kriegers, so sind Söhne aus den Jahren der

Jugend. Wohl dem Mann, der mit ihnen den Köcher gefüllt hat!" (Ps 127,4.5)

- „Aus dem Mund der Kinder und Säuglinge schaffst du dir Lob, deinen Gegnern zum Trotz; deine Feinde und Widersacher müssen verstummen." (Ps 8,3)
- „Hat er nicht eine Einheit geschaffen, ein lebendiges Wesen? Was ist das Ziel dieser Einheit? Nachkommen von Gott." (Mal 2,15)

Immer wieder stellt Jesus Kinder in die Mitte, segnete sie und nimmt ihre Haltung als Vorbild für uns Erwachsene:

- „Und er stellte ein Kind in ihre Mitte, nahm es in seine Arme und sagte zu ihnen: Wer ein solches Kind um meinetwillen aufnimmt, der nimmt mich auf; wer aber mich aufnimmt, der nimmt nicht nur mich auf, sondern den, der mich gesandt hat." (Mk 9,36 – 37)
- „Und er nahm die Kinder in seine Arme; dann legte er ihnen die Hände auf und segnete sie." (Mk 10,16)

Fruchtbarkeit wird immer gepriesen und gefeiert, nie belohnt Gott indem er vor weiteren Kindern „verschont". Größere Familien werden als Ausfluss eines größeren Wohlgefallen Gottes gesehen und die ungewollte Kinderlosigkeit getröstet:

- „Besser ist Kinderlosigkeit mit Tugend, unsterblich ist ihr Ruhm, sie steht in Ehren bei Gott und bei den Menschen". (Weish 4,1);
- „Selig ist die Kinderlose, die unschuldig blieb und kein Lager der Sünde kannte; sie wird gleich einer Mutter geehrt, wenn die Seelen ihren Lohn empfangen. Selig ist auch der Kinderlose ..." (Weish 3,13.14)

Und erschreckend harte Worte werden verwendet, wenn ein Mensch seine Fruchtbarkeit aktiv ausschaltet:

- „Sooft Onan zur Frau seines Bruders ging, ließ er den Samen zur Erde fallen und verderben, um seinem Bruder Nachkommen vorzuenthalten. Was er tat, missfiel dem Herrn, und so ließ er auch ihn sterben" (Gen 38,9-10).

WAS SAGT DIE KIRCHE ZUR WEITERGABE DES LEBENS?

Natürlich nichts anderes als die Heilige Schrift!

Sie erinnert uns an die Bedeutung der Liebe in der Ehe, die aufs Ganze geht und daran, dass die leibliche Vereinigung ein Geschenk Gottes ist, das das Paar genießen darf und soll.

Aber ebenfalls erinnert sie uns, dass die beiden Sinngehalte des ehelichen Aktes – liebende Vereinigung und Fortpflanzung – nie voneinander getrennt werden dürfen. Diesem Grundsatz widerspricht ebenfalls eine sexuelle Vereinigung ohne Liebe, sowie Fortpflanzung losgelöst von der liebenden Umarmung zwischen Mann und Frau. Das Ehepaar kann bei ernsten Gründen zeitweise oder dauernd auf weitere Kinder verzichten, dazu darf es jedoch nur Methoden der Natürlichen Empfängnisregelung anwenden und jede Handlung, die in Voraussicht, während oder im Anschluss des ehelichen Aktes darauf abzielt die Fortpflanzung zu verhindern – selbst bei Vorlage schwerwiegender Gründe – ist immer verwerflich. (vgl. HV 10–14).

Beschränkt ein Ehepaar bewusst – bei ernsten Gründen – die Vereinigung auf die im Zyklus der Frau unfruchtbaren Tage, so widerspricht dies nicht dem oben zitierten Grundsatz, da das Paar von einer naturgegebenen Möglichkeit Gebrauch macht und den Zeugungsvorgang nicht in seinem natürlichen Ablauf hindert oder beeinflusst. Die Logik dieser Lehre erkennt man unter anderem am Beispiel von unverschuldet unfruchtbaren Eheleuten oder bei Frauen nach den Wechseljahren. Auch sie wissen im Vorhinein, dass ihre eheliche Umarmung unfruchtbar bleibt, trotzdem ist diese eine volle eheliche Vereinigung. (vgl. HV 11–13, 16)

Mit unserer Vernunft sollen wir die natürlichen Gesetze, die Gott in jeden Menschen gelegt hat, durchdringen und mit einem freien und entschlossenen Willen bejahen: „ ... freie und verantwortliche Mitwirkung bei der Weitergabe des Lebens ... dass die Gatten von sich aus entschlossen sind zur Mitwirkung ..." (FC 28). Nicht, um von außen aufgesetzte Maßstäbe zu erfüllen, sondern um unser eigenes Personsein und unsere Berufung zur Liebe immer besser zu erkennen und zu leben.

Im Hinblick auf den *ernsten Grund*, sich für ein weiteres Kind zu entscheiden oder darauf vorübergehend oder dauernd verzichten zu müssen, gibt die Kirche nur sehr vage und auf die Situation der ganzen Menschheit bedachte Bereiche an:
„Im Hinblick schließlich auf die gesundheitliche, wirtschaftliche, seelische und soziale Situation bedeutet verantwortungsbewusste Elternschaft, dass man entweder, nach klug abwägender Überlegung, sich hochherzig zu einem größeren Kinderreichtum entschließt, oder bei ernsten Gründen und unter Beobachtung des Sittengesetzes zur Entscheidung kommt, zeitweise oder dauernd auf weitere Kinder zu verzichten." (HV 10) Sie gibt ganz klar zu verstehen, dass nicht mit jedem Geschlechtsakt ein Kind entstehen soll oder gar muss:

„Wenn also gerechte Gründe dafür sprechen, Abstände einzuhalten in der Reihenfolge der Geburten – Gründe, die sich aus der körperlichen oder seelischen Situation der Gatten oder aus äußeren Verhältnissen ergeben –, ist es nach kirchlicher Lehre den Gatten erlaubt, dem natürlichen Zyklus der Zeugungsfunktionen zu folgen, dabei den ehelichen Verkehr auf die empfängnisfreien Zeiten zu beschränken ..." (HV 16)

Aber sie weist auf unsere große eheliche Verantwortung und Pflicht hin:
„Jedoch ist zu vermerken, dass nur im ernsten Fall die Gatten sich in fruchtbaren Zeiten des ehelichen Verkehrs enthalten können, wenn aus berechtigten Gründen keine weiteren Kinder mehr wünschenswert sind. In den empfängnisfreien Zeiten aber vollziehen sie dann den ehelichen Verkehr zur Bezeugung der gegenseitigen Liebe und zur Wahrung der versprochenen Treue." (HV 16)

Dazu gibt uns das Lehramt alle Hilfsmittel in die Hand. Zu allererst die vorangehende Enzyklika *Humanae vitae*, aber auch viele andere Dokumente (*Familiaris consortio, Menschliche Sexualität: Wahrheit und Bedeutung* – Orientierungshilfen für die Erziehung in der Familie, ...). Dann natürlich die Sakramente – nicht zuletzt das Sakrament der Ehe.

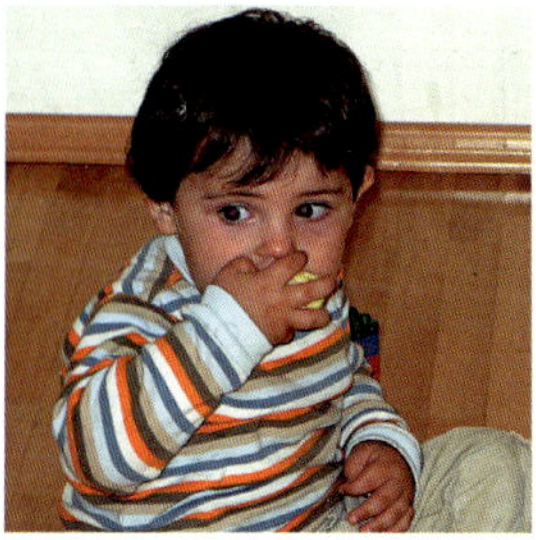

WIE STEHEN WIR ZU KINDERN?

Das ist nicht als allgemeine Frage gedacht! Sie muss konkretisiert werden: Wie stehen wir zu diesem Plan Gottes? Provokanter ausgedrückt: Wie stehen wir zum Lehramt der Kirche? Und absolut praktisch: Was spricht in unserer Ehe gegen ein weiteres Kind? Dazu kann es helfen, sich als Ehepaar gemeinsam einige Fragen zu stellen:

- Welche Haltung haben wir zu Kindern?
- Wie stehen wir zu mehr Kindern?
- Sind wir momentan für ein weiteres Kind offen?
- Was spricht in unserer Ehe momentan gegen ein weiteres Kind?
- Sind diese Gründe objektiv schwerwiegend?
- Leben wir aus der Hoffnung und im Vertrauen auf Gott?
- Ist Gottes Wille Last oder Weg zum Glück für mich/uns?
- Sehe ich in Gott den uns unendlich liebenden Vater oder eher den außenstehenden Spielverderber?

Verantwortungsbewusste Elternschaft

Es liegt nicht in unserem Sinn, an dieser Stelle genaue Gründe und Grenzen aufzuzählen, um es den Ehepaaren leichter zu machen und gleichsam ein Rezept vorzulegen. Wir können und dürfen gar nicht konkreter werden als die Päpste in ihren Schreiben. Wir wollen allerdings einige ganz allgemeine Überlegungen anstellen – ein Versuch den „ernsten Grund" zu beleuchten. Im vorliegenden Dokument wird der Begriff „Verantwortliche Elternschaft" unter folgenden Gesichtspunkten betrachtet:

1. „Was zunächst die biologischen Vorgänge angeht, bedeutet verantwortungsbewusste Elternschaft die Kenntnis und die Beachtung der mit ihnen zusammenhängenden Funktionen. So vermag der Mensch in seinen Fortpflanzungskräften die biologischen Gesetze zu entdecken, die zur menschlichen Person gehören." (HV 10)

Interessant, dass dieser Aspekt an erster Stelle genannt wird. Es ist wichtig, eine verlässliche Methode der „Natürlichen Empfängnisregelung" rechtzeitig zu erlernen und zu beherrschen, um sie dann bei ernstem Grund verlässlich und ohne Ängste leben zu können – Unkenntnis wäre verantwortungslos. Das Wissen um die Methode muss sicher sein, um die Ruhe im Ernstfall bewahren zu können, denn nicht die Natur hat uns in der Hand, sondern wir haben die Natur in der Hand. Dazu hat Papst Johannes Paul II. unmissverständlich Stellung genommen:

„Im Hinblick auf das Problem einer sittlich richtigen Geburtenregelung muss die kirchliche Gemeinschaft zur gegenwärtigen Zeit die Aufgabe übernehmen, Überzeugungen zu wecken und denen konkrete Hilfen anzubieten, die ihre Vater- und Mutterschaft in einer wirklich verantwortlichen Weise leben wollen. Während die Kirche die Ergebnisse der wissenschaftlichen Forschung für eine genauere Kenntnis der Zyklen der weiblichen Fruchtbarkeit begrüßt und eine entschlossene Ausweitung dieser Studien anregt, kann sie nicht umhin, erneut mit Nachdruck an die Verantwortung all derer zu appellieren – Ärzte, Experten, Eheberater, Erzieher, Ehepaare –, die den Eheleuten wirksam helfen können, ihre Liebe in der Beachtung der Struktur und der Ziele des ehelichen Aktes zu verwirklichen, der diese Liebe zum Ausdruck bringt. Das bedeutet einen umfassenderen, entschlosseneren und systematischeren Einsatz dafür, dass die natürlichen Methoden der Geburtenregelung bekannt, geschätzt und angewandt werden." (FC 35)

2. „Was dann psychologisch Trieb und Leidenschaft betrifft, so meint verantwortungsbewusste Elternschaft ihre erforderliche Beherrschung durch Vernunft und Willen." (HV 10)
Die Beherrschung der Triebe und Leidenschaften ist nicht nur zeitweise im sexuellen Bereich notwendig, sondern genauso im Umgang miteinander, in der Erziehung. Unser Zorn, unser Grant, unsere verletzte Eitelkeit, unsere Bequemlichkeit, ... wollen ein Leben lang in rechte Bahnen geleitet werden.

3. „Im Hinblick schließlich auf die gesundheitliche, wirtschaftliche, seelische und soziale Situation bedeutet verantwortungsbewusste Elternschaft, dass man entweder, nach klug abwägender Überlegung, sich hochherzig zu einem größeren Kinderreichtum entschließt, oder bei ernsten Gründen und unter Beobachtung des Sittengesetzes zur Entscheidung kommt, zeitweise oder dauernd auf weiter Kinder zu verzichten." (HV 10)
Fragen wir Bekannte, was sie unter „verantworteter Elternschaft" verstehen, ist die Antwort immer im Sinne „sich ein weiteres Kind gut zu überlegen" und gegebenenfalls darauf zu verzichten. Im obigen Zitat wird dieser Ausdruck auch in die andere Richtung verstanden, als Verantwortung, Kinder in die Welt zu setzen. Es weist auf unsere große Aufgabe und Pflicht hin, unsere Elternschaft großherzig aber auch mit dem Einsatz unserer Vernunft wahrzunehmen. Die Kirche spricht davon, auf Nachkommenschaft zu verzichten – nicht sich von Nachkommenschaft zu befreien. Welche Haltung haben wir diesbezüglich eingenommen?

Nirgends erfahren wir etwas Detailliertes über den ernsten Grund – erwähnt werden nur Bereiche: gesundheitliche, wirtschaftliche, seelische und soziale Gründe.

Das gilt für die ganze Welt – auch für arme Länder. Was würden uns Menschen in Entwicklungsländern sagen? Besonders bei wirtschaftlichen Überlegungen kann uns dieser Gedanke helfen, unsere Argumente kritisch zu beleuchten. ... Können wir dann unseren Standard halten? ... Können wir unseren Kindern materiell genug bieten ... die Wohnung ... ein größeres Auto? ... Das sind berechtigte Fragen. Doch können wir sie für uns persönlich sehr spitz formulieren. Etwa so: „Ist uns unser jährlicher Winterurlaub, ... wichtiger als ein Kind?"
Die Frage der persönlichen Belastbarkeit hängt auch mit unserer fachlichen Ausbildung zusammen – Bildung im Bereich Haushaltsführung und

Kindererziehung. Sie hängt mit unserer eigenen Erziehung zusammen. Gewisse Arbeiten haben wir vielleicht nie gelernt und trotzdem springen wir in manchen Situationen plötzlich über unseren eigenen Schatten. Unsere Bequemlichkeit ist sicherlich kein ernster Grund – hier sollten wir zu uns selbst ehrlich sein. Unsere bewusste Entscheidung zum unbedingten JA für das Leben, mit all seinen täglichen Konsequenzen, kann uns ebenfalls sehr stärken. Im Straßenverkehr kann ich mich ja ebenfalls entscheiden, ob ich mich ärgere oder nicht – und dann ärgere ich mich nicht. Und nicht zuletzt wird unsere persönliche Belastbarkeit höher, je mehr wir in unsere Christusbeziehung investieren. Er hilft uns, in unserem Leben, in unserem Alltag den Wert und die Ordnung der Dinge zu erkennen.

In vielen Bereichen sind wir als Mensch zu ersetzen, doch nur in Ausnahmesituationen in der Pflege und Erziehung unserer eigenen Kinder. Als Eltern dürfen wir uns ein Vorbild an Christus selbst nehmen. Dreißig Jahre lang lebte er ein verborgenes Leben der Arbeit. Dreißig Jahre, von denen die Heilige Schrift kaum erzählt, die aber ebenfalls zu seinem Erlösungswerk gehören. Locken uns außerhäusliche Aufgaben, so seien wir – bei all ihrer Berechtigung – realistisch. Nirgends können wir so Vieles und Grundlegendes bewegen, wie bei unseren Kindern (und deren Freunden und den Eltern ihrer Freunde,...).

Nicht wenige Frauen empfinden ihre Mutterschaft manchmal als Kette, „die Decke fällt ihnen auf den Kopf". Sie können nicht mehr selbst über ihre Zeit bestimmen, der ganze Tagesablauf richtet sich zuerst nach dem Hunger des Neugeborenen, später nach aktuellen Schularbeitsterminen, ... Und zu allem Überfluss schätzt oft nicht nur niemand diese Arbeit, sondern sie wird gar nicht wahrgenommen. Hier kann der Mann seine Frau unterstützen, indem er ihre Arbeit sieht und anerkennt und ganz praktisch hilft. Frauen sehen Mutterschaft als besonderes Geschenk und können vor allem die ersten Jahre ihrer Kinder genießen, wenn der Vater freiwillig diese Einschränkungen auf sich nimmt und zeitweise auf seine außerhäuslichen Termine verzichtet.

Dass wir den Beruf Mutter und Hausfrau als vollwertig betrachten sollen und uns vor dem berühmten „nur" hüten müssen, kann nicht oft genug erwähnt werden. Wir möchten nur anfügen, dass wir diesen Beruf auch vollwertig ausüben können, mit all dem „Drumherum" wie Weiterbildung, realistische Planung, möglichst fixe Arbeits- und Pausenzeiten, klare Zielsetzungen ... Sein

eigener Chef zu sein ist nicht immer leicht!
In Österreich ist das dritte Kind eine besondere Hürde. Fühlen Sie sich wie ein exotisches Tier, das von allen neugierig beobachtet wird? So achten Sie zuerst auf Ihr Äußeres! Dann halten sie Ausschau nach Gleichgesinnten! Nicht ganz alleine auf der Welt zu sein, stärkt unser Selbstbewusstsein. Und plötzlich bekommen auch andere Paare im Dorf ihr drittes oder sogar viertes Kind ...

Doch gibt es keine „katholische" Kinderzahl. Nie kann alleine das Erreichen einer gewissen Zahl – vier, fünf, sieben oder gar zehn? – ein ausreichender Grund sein. Für das eine Paar ist das zweite Kind bereits eine großzügige Entscheidung, das nächste Paar hat vier Kinder, verschließt sich aber vielleicht aus egoistischen Gründen vor einem fünften.

Jedes Ehepaar muss also den so genannten „ernsten Grund" für sich selbst immer wieder neu hinterfragen. Doch muss nicht immer die Kinderanzahl die Ursache eines Argumentes sein. Ein *Ich schaff' es nicht mehr* kann auch seine Wurzel in Spannungen in der Ehe, im Beruf oder mit den Eltern haben. Oder wünschen Sie sich mehr Anerkennung von Ihrem Partner? Was ist der wirkliche Grund?
Der „ernste Grund" für einen Elternteil, gilt auch für den anderen.
Die Grenzen sind nicht so leicht zu erkennen. Diese Verantwortung liegt immer beim Paar selbst und nicht beim Pfarrer, der geistlichen Begleitung, den Verwandten oder sonst jemandem. Der etwas Bequeme muss sich einen Ruck geben, der eher zu Skrupel neigende, sollte sich bremsen. Das regelmäßige Gespräch mit Gott und dem Ehepartner hilft, klarer zu sehen.

4. „Endlich und vor allem hat verantwortungsbewusste Elternschaft einen inneren Bezug zur objektiven sittlichen Ordnung, die auf Gott zurückzuführen ist, und deren Deuterin das rechte Gewissen ist. Die Aufgabe verantwortungsbewusster Elternschaft verlangt von den Gatten, dass sie in Wahrung der rechten Güter- und Wertordnung ihre Pflichten gegenüber Gott, sich selbst, gegenüber ihrer Familie und der menschlichen Gesellschaft anerkennen." (HV 10).
Christliche Paare leben eine grundlegend andere Einstellung. Unsere Freunde, Nachbarn, ... gehen oft schon mit ihrer (künstlichen) Unfruchtbarkeit in die Ehe und werden aktiv, wenn alles genau passt und sie ein Kind planen (indem sie das Verhütungsmittel nicht mehr benutzen).
Wir treten offen für neues Leben in den Stand der Ehe (und behalten diese Haltung unser ganzes Leben lang) und werden erst aktiv, wenn ernste Gründe gegen ein weiteres Kind sprechen.

Dies kann ein Paar durchaus in die Situation bringen, dass es sich zwar nicht ausdrücklich ein Kind wünscht, aber trotzdem – da keine schwerwiegenden Gründe dagegen sprechen – offen für ein solches ist.

Fruchtbarkeit bedeutet jedoch nicht nur die Offenheit für neues Leben, sondern geht darüber hinaus. Sie beinhaltet Aspekte wie die der Erziehung, der Erbringung von sittlichen, geistigen und übernatürlichen Früchten,...

Haben wir unseren *gerechten oder ernsten Grund* klar erkannt, liegt dahinter meist noch ein weiter Weg bis zu dem Punkt, an dem es verantwortungslos wäre, ein weiteres Kind zu zeugen. Dieser Weg ist der Bereich, in dem unsere Großzügigkeit zum Tragen kommt, wo wir mehr geben, als es unsere „Pflicht" verlangt. Manchmal sind wir zu weit mehr fähig als wir uns selbst zutrauen! Das erfahren Ehepaare – unabhängig ob gläubig oder nicht – oft, wenn ein Kind *passiert*. Von uns „ungeplante" Kinder sind von Gott von Ewigkeit her geplante und geliebte Kinder. Man darf davon ausgehen, dass Gott unsere Schwächen mit großer Nachsicht behandelt und uns mit der Freude über eben dieses „ungeplante" Kind besonders beschenkt bzw. uns in allen Tugenden – besonders die der Großzügigkeit – reifen lässt. Wie viele Eltern erzählen, dass gerade dieses Kind, dieser Nachzügler, ... für die ganze Familie ein besonderes Geschenk ist.

Abschließend: Diese Enzyklika ist bei weitem mehr, als alleinige Ermunterung an Eheleute neuem Leben gegenüber offen zu sein oder gar die bloße Verneinung von Verhütungsmitteln! Sie ist ein Loblied auf die menschliche Liebe und eine konsequente Darstellung der Person in ihrer Einheit von Leib und Seele. Studieren wir sie ohne Vorbehalte – und das ist gar nicht so leicht, denn wir alle sind von unserer Umgebung beeinflusst –, so eröffnet sie uns eine neue Dimension der Berufung zur Ehe in ihrer besonderen Teilhabe an Gottes Liebe und an seiner Macht als Schöpfer.

Literaturhinweise:

- Heilige Schrift
- Familiaris consortio (FC)
- Humanae vitae (HV)
- Mulieris dignitatem (MD)
- Menschliche Sexualität: Wahrheit und Bedeutung - Orientierungshilfen für die Erziehung in der Familie (OH)

Zeugnisse zur Lebensweise Humanae Vitae

9 Zeugnisse

„Wenn die Lehre der Kirche wahr ist, muss sie auch lebbar sein!" (J. Rötzer)

„Humanae Vitae nicht länger vorenthalten!

SILKE LAUSCH-KONRAD, HARDHEIM

Die Enzyklika ist nur wenige Jahre älter als ich selbst. Dennoch hat es fast fünfundzwanzig Jahre gedauert, bis ich erfahren habe, dass es sie gibt. Als ich sie dann gelesen habe, war es ein Schock. Ich war nicht über die Enzyklika schockiert, sondern darüber, dass ich viel zu spät davon gehört habe. Es wäre mir manches Leid erspart geblieben, wenn diese Enzyklika Thema des Religionsunterrichts (RU) gewesen wäre, und das bitte im Alter von 14 – 16 Jahren. Dies war nämlich die Zeit, in der für mein Leben wichtige Weichen gestellt wurden und ich denke, dass dies für die Jugendlichen von heute noch genau so ist. Der erste Freund und spätere Ehemann, Gedanken über die Lebens- und Familienplanung und die damit verbundenen Fragen zur Verhütung, Berufswünsche und -aussichten, all diese Gedanken und Entscheidungen stellen bereits in diesem Alter so manche Weichen für das spätere Leben. So musste und muss ich noch heute die Konsequenzen der teilweise falschen Entscheidungen tragen.
Ich bin mir sicher, dass ich vieles anders entschieden hätte, wäre mir die Enzyklika bekannt gewesen. Leider wurden und werden die Jugendlichen einseitig informiert, besonders im Bereich Verhütung und die Aussage der Kirche dazu. Zwar war und ist bekannt, dass der Papst negativ zur Pille eingestellt ist; Da wurde und wird er ja oft genug als verknöchert und altmodisch dargestellt, nie aber wurde über seine Argumente gesprochen. Nie wurde gesagt, wie tief er sich damit auseinandergesetzt hat und wie sehr er mit seiner Entscheidung gerungen hat, wie sehr ihm das Wohl der jungen Frauen am Herzen liegt.
Im Religionsunterricht (RU) kam die Enzyklika nie zur Sprache. Es wurde nur gesagt, dass eben der Papst wieder einmal dagegen ist. Da hat sich bis heute

nicht viel geändert. Dabei ist diese Enzyklika so überaus feinfühlig und liebevoll geschrieben und auch die Argumente sind absolut stichhaltig und einleuchtend. Mir wurde nach dem Lesen sofort klar, dass der Papst eben dagegen sein muss, weil es um die Würde und die Gesundheit der Frau geht. Er ist einer der Wenigen, der offen über die fatalen Nebenwirkungen der Pille spricht, sie beim Namen nennt.
Ich würde mir wünschen, dass diese Enzyklika in jedem Religionsunterricht zur Sprache kommt und auch generell der Öffentlichkeit näher gebracht wird. Damit könnte vor allem bei den Jugendlichen viel Unheil verhindert werden. Ich jedenfalls habe sehr gute Erfahrungen damit gemacht, in jedem Firmunterricht davon zu berichten (vor allem als Betroffene aus eigener Erfahrung) und die *Humanae Vitae* den Jugendlichen zum Lesen zu geben. Sie sind durchaus offen und dankbar, wenn Erwachsene klar Stellung beziehen. Sehr oft werde ich hinterher gefragt, warum ihnen das vorher noch nie jemand gesagt hatte. Freilich muss ich auf diese Frage die Antwort schuldig bleiben. Ich bin sicher, dass 90% der Katholiken, die gegen die Enzyklika sind, sehr schnell zusammenschrumpfen würden, wenn entsprechende Öffentlichkeitsarbeit geschehen würde. Ein erster Schritt in die richtige Richtung wäre die Korrektur der Königsteiner- (D) und der Maria-Troster(Ö) -Erklärung. Ich jedenfalls warte mit Sehnsucht darauf! DT Nr. 136, 15. 11. 2003.

"Humanae vitae Konvertiten"

SCOTT UND KIMBERLY HAHN

Das Buch „Unser Weg nach Rom" (Christiana Verlag 2000) schildert die Geschichte der Konversion von Scott und Kimberly Hahn. Am Anfang dieses Weges stand die Auseinandersetzung von Kimberly mit dem Thema der Empfängnisverhütung. Das Buch „Geburtenkontrolle und der Ehebund" des Katholiken John Kippley überzeugte die beiden von der Richtigkeit der katholischen Ablehnung der Empfängnisverhütung. Dieser ging vom Begriff des Bundes aus, um die Unsittlichkeit der Empfängnisverhütung aufzuzeigen. Scott schreibt: „Das darf nicht wahr sein dachte ich, das kann nicht wahr sein! Der Mann hat Recht. Er wies nach, dass die Ehe kein Vertrag ist, durch den der Austausch von Gütern und Dienstleistungen geregelt wird, sondern dass die Ehe ein Bund ist, in dem es um die Selbsthingabe von Personen geht. ... Mir ging auf, dass Kimberly und ich etwas Heiliges taten, wenn wir den ehelichen Akt vollzogen. Und wenn wir der lebenspendenden Kraft der Liebe durch unsere Verhütungsmittel einen Strich durch die Rechnung machten, handelten wir profan. (Heiliges auf niedere Weise praktizieren, heißt, es zu profanisieren.)" Kimberly schreibt: „Die Frage, die mich bedrängte, war: Lässt unser Gebrauch von Verhütungsmitteln, durch den wir ja absichtlich die lebensspendende Macht seiner (Gottes) Liebe blockieren und gleichzeitig Freude haben an der Einheit und der Lust des Eheaktes, meinen Ehemann und mich ein wirkliches Abbild Gottes in total selbsthingebender Liebe sein? ... Als ich *Humanae vitae* las, verstand ich, wie ausgewogen die Kirche in ihrer Einstellung zur Empfängnisverhütung ist: Es gibt das beglückende gottverbundene Erleben des ehelichen Aktes, und es gibt Zeiten, in denen es aus ernsthaften Gründen klug ist, bei gemeinsamer Fruchtbarkeit die Enthaltsamkeit zu praktizieren." (Vgl. S. 38-56) (Textauswahl von Christoph Casetti)

Als Theologiestudent die 68er Jahre erlebt

CHRISTOPH CASETTI

1968 war ich im Theologiestudium in Münster. An der Fakultät erlebte ich den Widerstand gegen *Humanae vitae* hautnah mit. Die von Moraltheologen vorgetragene Rechtfertigung der Empfängnisverhütung beeindruckte mich durchaus. Aber ein befreundeter evangelischer Arzt sagte mir sinngemäß: „Ich glaube, dass Papst Paul VI. recht hat. In meiner Praxis muss ich die „Pille" zwar verschreiben, weil die Frauen sie verlangen. Andernfalls müsste ich meine Praxis schließen. Aber meiner eigenen Frau würde ich die „Pille" nie zumuten. Sie ist nämlich medizinisch keineswegs unbedenklich." Dieser Arzt versorgte mich dann regelmäßig mit medizinischen Publikationen über die Nebenwirkungen der oralen Kontrazeption. Eine seiner Töchter war es auch, die mir zum ersten Mal ein Buch von Dr. Josef Rötzer in die Hand drückte: „Menschenbild, Sexualität und Ehe". So wurde ich gegen die Kritik an der Enzyklika „geimpft" und war offen für die Botschaft von *Humanae vitae*.

Ab Mitte der 70er-Jahre setzte ich in der ethischen Ausbildung von Praktischen Krankenpflegerinnen eine kleine Broschüre des 1973 von der Österreichischen Bischofskonferenz gegründeten Institutes für Ehe und Familie Wien ein, welche eine ganz kurze Erklärung der Sympto-thermalen Methode beinhaltete. Die Schülerinnen nahmen diese Information durchaus interessiert entgegen. Etwa 1978 begegnete mir bei meiner Pfarreiarbeit in Zürich die erste Anwenderin der Natürlichen Empfängnisregelung nach Dr. Rötzer.

Appell an die Medizinische Berufsgruppe wird zur Berufung (HV Nr. 27)

MARIA PRÜGL

Von der Natürlichen Empfängnisregelung (NER) hörte ich 1979 zum ersten Mal, nachdem ich von einer Freundin zu einem Eheseminar mit Walter und Ingrid Trobisch eingeladen wurde. Das Pastorenehepaar Trobisch gehört zur evangelisch lutherischen Landeskirche. Die Themen NER, Liebe und Fruchtbarkeit waren eine Einheit von etwa einer Stunde. Trotz der kurzen Zeit war mir klar: Es geht nicht bloß um eine Methode der Empfängnisregelung, sondern um eine bestimmte Sicht von Liebe, Sexualität und Fruchtbarkeit, eben die biblische Sicht. Kurze Zeit später besuchte ich das katholische Eheseminar und hörte zu meinem Erstaunen das Gegenteil, nur einen negativen Kommentar über die „Pillenenzyklika *Humanae vitae*" von Papst Paul VI. Keine Begründung, kein gewinnendes Werben, einfach und schlicht Ablehnung. Es war meine erste Verteidigung von HV sein, der viele noch folgen sollten. Unbeirrt ging ich den Dingen nach, nahm zu an Sachwissen und wurde immer überzeugter. Über die Methode der Empfängnisregelung hinaus, interessierte mich besonders die biblische Anthropologie. Die sogenannten Mittwochkatechesen zu Theologie des Leibes, (S. 63) von Papst Johannes Paul II. waren Pflichtliteratur „unserer neuen Generation Johannes Paul II.". Endlich las ich die Enzyklika *Humanae vitae* selbst, „mein erstes kirchliches Dokument" von bloß wenigen Seiten. Tief beeindruckt verstand ich etwas vom Wesen der ehelichen Liebe und erkannte, dass die Fruchtbarkeit zu ihrem innersten Wesen gehört: Die eheliche Liebe ist nach dem Plan des Schöpfers vierfach (HV Nr.9), Fruchtbarkeit krönt sie. Die eheliche Liebe ist demnach: *Vollmenschlich*, Liebe, die aufs Ganze geht, *treu* und *ausschließlich* – und logischerweise auch *fruchtbar*. Die eheliche Liebe geht in der ehelichen Vereinigung nicht ganz auf, sondern will darüber hinaus fortdauern und neues Leben wecken. Ehe und eheliche Liebe sind ihrem Wesen nach auf die Zeugung und Erziehung von Nachkommenschaft ausgerichtet. Kinder sind die vorzüglichste Gabe für die Ehe und tragen zum Wohl der Eltern selbst sehr viel bei. Fruchtbarkeit gehört also zum Wesen der ehelichen Liebe. Verhütung verletzt nicht bloß die Fruchtbarkeit, sondern auch die Liebe.

Der Appell an das medizinische Fachpersonal (HV Nr. 27) hat mich als Diplom OP-Schwester persönlich angesprochen, der innere Auftrag war deutlich. Es begann eine intensive, lange und umfassende Wissensaneignung mit Erwerb des INER Zertifikates. Eine rege (nebenberufliche) Vortragstätigkeit folgte. Die Berufung gipfelte im Beenden meines Berufes nach 23 Dienstjahren OP-

Schwester und im Studium der Wissenschaften von Ehe und Familie am Institut Johannes Paul II. in Rolduc (1990-1996). Meine Berufung ist zum Beruf geworden. Im Rahmen der Vortragstätigkeit für NER registrierte ich immer mehr positive Begleiterscheinungen. So entstand eine große und ständig wachsende Auflistung. Niemals vorher ahnte ich diese Fülle und deren Konsequenzen für Ehe, Familie, Gesellschaft und Kirche. (siehe Chronologie 1992 und Begleiterscheinungen S. 95 ff.)

Wahre Liebe heißt auch Verzicht!

H. UND M. E.

Wir brauchen eine große Ehrlichkeit in der Verkündigung der Lehre von NER: Wer NER lebt, ist nicht ein besserer Mensch. Auch wir fallen, aber wir möchten den heiligen Weg, den schönen Weg der Liebe gehen. Zur wahren Liebe wird bei uns Menschen immer auch der Verzicht gehören.
Weil wir periodisch enthaltsam leben und in dieser Zeit auch kämpfen müssen, ist noch so viel Erotik in unserer Liebe, so eine tiefe Verliebtheit, Spannung ...
Ja, es ist eine Demütigung, wenn wir selbst zugeben, dass wir in der Zeit der Enthaltsamkeit gefallen sind, nicht immer bestanden haben, aber wir haben da dieses wunderbare Sakrament der Beichte, in das wir dieses Fallen immer wieder hineinlegen dürfen!
Der Herr ist unter dem Kreuz, unter der Last unserer Sünden, gefallen und ER ist wieder aufgestanden.
Wir fallen und wir kämpfen und wir versuchen wieder aufzustehen.
Es fällt oft schwer, aber wir dürfen dadurch immer mehr die Schönheit dieses Weges erfahren, und durch dieses Erkennen fällt uns diese Zeit der Enthaltsamkeit immer leichter.

NER – ein Segen für mich als Frau und für uns als Ehepaar

EVELYN HARTMANN

Eigentlich beneide ich junge Mädchen: Wenn sie das wollen, können sie sich mit ihrem Körper beschäftigen, ihn beobachten und kennen lernen. Dann wissen sie über ihren Zyklus besser Bescheid, stehen über Aussagen von Biologiebüchern.

Es könnte sogar ein Erfahrungsaustausch untereinander stattfinden (in Sachsen gibt es einen NER- Jugendausschuss, und ein sexualpädagogisches Programm *teenstar* klärt nicht nur auf, sondern begleitet Kinder und Jugendliche über einen längeren Zeitraum. – Wie anders war es in meiner Jugendzeit – aber leider passiert es auch heutzutage: Da geht eine ängstliche Mutter mit ihrer Tochter von vielleicht 10 Jahren zum Frauenarzt, weil das Kind einen merkwürdigen Ausfluss hat. Aber es ist Zervixschleim (und kein krankhafter Ausfluss), der zunehmend anzeigt, dass sich das Kind auf dem Weg zur jungen Frau entwickelt. – Damals gab es zum Glück eine verständnisvolle Ärztin, die erklärte, dass alles normal sei und mich meiner natürlichen Entwicklung überließ. Heute kommt es öfter vor, dass Hormone (Verhütungsmittel: „Pille") zur „Zyklusregulierung" verordnet werden. Damit wird die ganze normale Entwicklung (des Zyklus) in der Pubertät abrupt beendet (Ganz abgesehen von den negativen gesundheitlichen und sexualethischen Folgen durch die Pilleneinnahme).
In meiner Ausbildung zur Hebamme Anfang der 80-er Jahre in der DDR erfuhr ich nichts zur NER, nur über die gängigen Verhütungsmittel, allem voran der „Anti-Baby-Pille", allerdings nicht die Palette der Nebenwirkungen und ihre u. a. auch frühabtreibende Wirkung ... In Gesprächen mit meinem Freund (heutigen Ehemann) über Kinderzahl und Empfängnisregelung wurde uns trotzdem bewusst, dass ich die Pille nicht nehmen werde.
Bei einem Wochenendbesuch bei Freunden durften wir das Buch von Ingrid Trobisch „Mit Freuden Frau sein" *durchstöbern* und erfuhren das erste Mal etwas über NER (sympto-thermale Vorgehensweise nach Dr. Rötzer). Es war nicht das Lehrbuch mit all den Regeln zur verlässlichen Anwendung, aber es gab erste Hinweise zum Temperaturmessen und Schleimbeobachten. So begann ich meine ersten NER-Aufzeichnungen mit Bleistift und kariertem Papier. Zur *Verhütung* benutzten wir in den ersten Ehejahren Kondome. Aber ich wusste um meine fruchtbaren Tage, sodass wir unser zweites Kind ganz gezielt anstrebten. Die Zyklusaufzeichnung zeigte uns sehr früh die Schwangerschaft an, sodass die Geburt in einer begehrten Entbindungsklinik angemeldet werden konnte, ohne dass ich schon die Bestätigung durch den Arzt hatte ... Welch ein Vorzug!
Wir wissen auch: Ein Kind kann man sich nicht *anschaffen* (wie eine Waschmaschine), ja nicht mal *planen*, sondern sich von Gott, dem Schöpfer schenken lassen. Denn „siehe, Kinder sind eine Gabe des HERRN, und Leibesfrucht ist ein Geschenk" (Lutherbibel Psalm 127, Vers 3).
Was gibt es für Kinder? – Kinder, die *geplant* sind, aber nicht kommen (sollen) – das ist schmerzhaft; hier wird die „Gabe des HERRN" deutlich, um die gebetet werden darf ... Aber manchmal hält Gott für ein Ehepaar auch einen anderen

Weg offen, eventuell ohne eigene Kinder. (Können das Ehepaare akzeptieren, oder versuchen sie alles in der modernen Medizin Mögliche, aber ethisch Fragliche, um ein eigenes Kind zu bekommen ...?)
Es gibt auch Kinder, die ganz *geplant* gezeugt werden, und trotzdem stellt sich in den folgenden Wochen, Monaten heraus, dass es (menschlich gesehen) gar nicht so günstig war – so sollte es bei unserem zweiten Kind Johannes werden: Nach 8 Wochen Schwangerschaft bekam mein Mann Jörg die Einberufung zum Wehrdienst als Bausoldat in die sozialistische Armee von 1,5 Jahren Dauer ... Aber auch diese, manchmal schwere Zeit war von Gott getragen. Eine Geschichte soll hier erzählt werden: Auf der Kompanie wurde das Rötzer-Lehrbuch heimlich, in Zeitungspapier verborgen, weitergereicht. Eines Tages brachte es mein Mann zum Wochenendurlaub (d.h. alle 4-6 Wochen für etwa 28 Stunden bei der Familie!) mit nach Hause. Wir konnten es lesen, wichtige Notizen machen – Aber nicht auszudenken, wenn das Buch in die Hände der Vorgesetzten gekommen wäre: ein Buch aus dem kapitalistischen Ausland, vom „Klassenfeind" ... das Buch wurde nicht entdeckt und zum verborgenem Segen für uns.
NER ist fester Bestandteil unserer Ehe geworden („Eheliche Lebensweise").
Männer sollten möglichst an Kursen teilnehmen, nicht nur weil NER ein partnerschaftlicher Weg ist, bei dem gemeinsam Verantwortung getragen wird. Jedem Ehemann sollte auch bewusst werden, dass seine Frau die unfruchtbaren Tage mit in die Ehe bringt. Die von Professor Rötzer erstellten Anwendungsregeln sind sehr logisch aufgebaut – und logisches Denken ist ein Vorzug von Männern.
Über die Jahre haben wir erfahren, dass NER viel mehr ist als Empfängnisregelung, mehr als eine Methode und Vorgehensweise: NER darf nicht zwischen Verhütungsmittel eingereiht werden, NER ist etwas völlig anderes als *Verhütung*. NER hat eine geistliche Dimension, nicht nur für Katholiken, indem sie der Lehrmeinung der Kirche entspricht. Wir sind evangelisch-lutherische Christen und wir nehmen die Bibel als Maßstab für unser Leben. NER entspricht dem biblischen Menschenbild: „Gott schuf den Menschen zu seinem Bilde, zum Bilde Gottes schuf er ihn; und schuf sie als Mann und Weib. Und Gott segnete sie und sprach zu ihnen: Seid fruchtbar und mehret euch (...)" (Lutherbibel 1.Mose 1, Verse 27,28) – Die Fruchtbarkeit wurde uns Menschen von Gott geschenkt und wir sollen damit verantwortlich umgehen („verantwortliche Elternschaft"). Es heißt aber nicht, dass wir die Fruchtbarkeit bekämpfen und unterdrücken sollen (wie es alle Verhütungsmittel tun!), sondern damit bewusst umgehen. Kampf gegen die Fruchtbarkeit heißt ständiger Kampf gegen Kind(er). Es wird deutlich in dem Wort *Anti-Baby-Pille* und endet damit, dass ein *fließender* Übergang zwi-

schen Verhütung und Abtreibung bei bestimmten Verhütungsmitteln stattfindet (*frühabtreibende* Wirkung).
Wir sprechen nicht von *ungewollter* Schwangerschaft, sondern von *überraschender* Schwangerschaft, denn eine Schwangerschaft ist doch nichts anderes als dass ein Kind heranreift und leben möchte – und was klingt schöner: ein *Überraschungskind* (klingt nach einem Geschenk) oder ein *ungewolltes* Kind ...?
Unserer Ehe tut NER sehr gut: Es ist zunächst ein Lernprozess, mit Tagen der Enthaltsamkeit umzugehen: In dieser Zeit baut sich ja eine gewisse sexuelle Spannung auf (auch bei mir als Frau – wenn auch nicht so stark!) In dieser Zeit gewinnt Zärtlichkeit *ohne weitere Absicht* an Bedeutung. Das tut mir als Frau gut ... Und dann kommt die Zeit des „Ein-Fleisch-Werdens", der völligen Hingabe – und auch Entspannung. Ich möchte sagen, es entsteht immer eine Dynamik. Auch in der Bibel wird von unterschiedlichen Zeiten im Prediger Salomo, Kapitel 3 gesprochen ... und von Zeiten sexueller Enthaltsamkeit zwischen Eheleuten: „Entziehe sich nicht eins dem anderen, es sei denn eine Zeit lang, wenn beide es wollen, damit ihr zum Beten Ruhe habt; und dann kommt wieder zusammen, damit euch der Satan nicht versucht, weil ihr euch nicht enthalten könnt." (Lutherbibel: 1.Korinther 7, Vers 5) Entnommen aus: INER Prof. Dr. med. Josef Rötzer e.V. / INER – Mitteilungen Nr. 53, Februar 2008, Seite 9 bis 11.

NER in schwieriger Situation

DR. MARTIN UND DR. ELISABETH EDELSBRUNNER

M: Wir sind das Ehepaar Elisabeth und Martin Edelsbrunner aus Graz und beide frisch promovierte Mediziner. Wir sind heute hier, weil wir von Frau Elisabeth Rötzer gebeten wurden, ein Zeugnis über das Leben mit NER zu geben. Wir sind seit etwas mehr als einem Jahr verheiratet und deshalb eigentlich nicht die Erfahrensten, um darüber zu sprechen. Allerdings leben wir die NER in einer besonderen Situation, die unser Zeugnis trotz unserer *ehelichen Jugend* interessant macht.
E: Und diese Situation sieht so aus, dass ich aufgrund einer Krankheit ein Medikament nehmen muss, unter dessen Einnahme und einige Zeit danach man nicht schwanger werden darf, weil das Kind sonst mit Sicherheit schwer behindert sein würde.
Für uns war es schon am Beginn unserer Freundschaft klar, dass wir auch in unserem Umgang mit Sexualität nach der Lehre der Kirche leben wollen und

zwar nicht aus blindem Gehorsam, sondern weil wir beide erfahren haben, dass die Kirche auch in diesem Bereich die Wahrheit über den Menschen lehrt. Deshalb kam Verhütung für uns von Anfang an nicht in Frage.
Die NER ist ja auch keine Verhütungsmethode, sondern ein Weg, in der gemeinsamen Verantwortung vor Gott den Zeitpunkt einer Schwangerschaft und die Zahl der Kinder mitzubestimmen, indem man die in den Zyklus der Frau „eingeschriebenen" Möglichkeiten kennenlernt und entsprechend damit umgeht. Dabei sollte grundsätzlich klar sein, dass Kinder ein Geschenk Gottes sind und es nicht darum geht, so wenig Kinder wie möglich zu haben, sondern so viele wie Gott für uns möchte.
In unserer Situation heißt das also nicht, dass wir keine Kinder wollen, sondern im Moment keine bekommen dürfen.

Ich habe die NER schon in der Schulzeit durch eine Freundin kennengelernt, aber mit der Selbstbeobachtung (Messung der Aufwachtemperatur und Beobachtung des Zervixschleimes) erst in unserer Verlobungszeit begonnen. Für mich war es sehr spannend meinen Zyklus und damit natürlich auch meinen Körper kennenzulernen. Der zuerst sehr unregelmäßige Zyklus wurde durch eine immer bessere Beobachtung rasch regelmäßig; die Menstruation war plötzlich nicht mehr ein „unangenehmer monatlicher Überfall" sondern Teil und Zeichen meiner Fruchtbarkeit. Ich hatte früher immer Probleme, mich so anzunehmen, wie ich bin – durch das Kennenlernen meines Körpers und meines Frauseins habe ich sicher auch mehr Selbstbewusstsein gewonnen, da ich erkannt habe, dass sich auch hier die Einzigartigkeit jedes Menschen ausdrückt. Denn das Märchen vom 28 Tage-Zyklus mit Eisprung am 14. Tag, das man uns auf der Uni erzählt hat, ist einfach nicht wahr. Auch hier ist jede Frau verschieden und es geht darum, seinen persönlichen Zyklus und seine persönlichen Zeichen der Fruchtbarkeit zu entdecken.
Am Anfang war es für mich eine ziemliche Überwindung über so etwas Intimes mit meinem Verlobten zu sprechen, aber dadurch ist die Vertrautheit unter uns sehr gewachsen und hilft uns auch jetzt in der Ehe offen miteinander über unsere Sexualität zu reden.
M: Auch ich habe die sympto-thermale Methode schon vor unserer Freundschaft gekannt, durch ein befreundetes Ehepaar und durch die Arbeit bei Jugend für das Leben.
Ich, als Mann, habe die NER als sehr befreiend im Umgang mit meiner Sexualität erlebt. Da ja in den meisten Fällen der Mann derjenige ist, bei dem der Trieb stärker ausgeprägt ist und der also meist der Motor in Sachen

Sexualität ist, habe ich erfahren wie gut und wichtig auch hier das Erlernen der Selbstbeherrschung ist. Der Mensch soll ja nicht von seinen Trieben beherrscht und von ihnen geleitet werden, sondern er soll Herr über sie sein. Für mich ist die „Unterordnung" unter den Zyklus meiner Frau ein Akt des Gehorsams gegenüber Gott, der ja alles geschaffen hat und daher auch den weiblichen Zyklus eben so gewollt hat.
Außerdem ist die Zeit der Enthaltsamkeit eine enorme Bereicherung für die Ehe, denn sie bietet uns die Möglichkeit auch andere Ausdrucksformen der Zuneigung zu suchen und zu leben.

E: Gerade wegen des Medikamentes haben mir die Ärzte natürlich empfohlen, die Pille zu nehmen, um eine Schwangerschaft sicher ausschließen zu können, und es war dann gar nicht so leicht, sich trotzdem für die NER zu entscheiden. Weniger wegen mangelnden Vertrauens in die Sicherheit der Methode als in meine Fähigkeit der Beobachtung. Kenne ich meinen Körper schon so gut, um die sicher nicht fruchtbaren Tage herauszufinden? Die Versuchung war natürlich groß, die Verantwortung auf ein so genanntes „sicheres Verhütungsmittel" abzuwälzen, anstatt sie selbst zu übernehmen. Das war am Beginn unserer Ehe natürlich ein *Sprung ins kalte Wasser*, aber es hat wunderbar funktioniert – nicht zuletzt auch wegen der großartigen Hilfe von Frau Rötzer und Herrn Prof. Rötzer, denen wir unsere Zyklusaufzeichnungen schicken konnten und die uns sowohl bei Schwierigkeiten geholfen, als auch durch Lob bei besonders gut ausgewerteten Zyklen motiviert haben.

Entgegen der allgemeinen Ansicht haben wir die NER als eine – auch in einer *schwierigen* Situation – zuverlässige, lebbare und bereichernde Methode des Umgangs mit der eigenen Fruchtbarkeit erfahren. Wir möchten hier auch noch den Rat von Prof. Rötzer weitergeben, dieses Buch (*Natürliche Empfängnisregelung*) möglichst in Griffweite am oder im Nachtkästchen bereit zu halten und ab und zu auch darin zu schmökern. Außerdem empfehlen wir Ihnen das Buch von Bischof André Léonard, Bischof von Namur, „Jesus und dein Leib", in dem die theologischen und philosophischen Grundlagen sehr gut und einfach – eben für Jugendliche – erklärt werden.

Zeugnis am Tag der Hauskirche, Klagenfurt, 6. November 2004

„Wir hatten nicht den Mut, ein klares JA zu Humanae Vitae zu sagen"

PREDIGT VON
KARDINAL CHRISTOPH SCHÖNBORN

10 „Wir hatten nicht den Mut, ein klares JA zu Humanae vitae zu sagen"

KARDINAL CHRISTOPH SCHÖNBORN

Aus der Predigt von Kardinal Christoph Schönborn im Abendmahlssaal in Jerusalem: anlässlich des Gemeinschaftstages der Bischöfe Europas im Heiligen Land (24. bis 29. März 2008)

Ich möchte euch etwas sagen, das ich im Herzen trage. Ich denke, es ist ein Wort des Heiligen Geistes, das ich aussprechen muss. Worin besteht die Schuld Europas? Seine Hauptschuld ist das NEIN zum Leben ...

Gerade dies ist der Ort, wo Jesus uns sein Wort gegeben hat, dass wir die Vergebung unserer Sünden empfangen. Darauf möchte ich hinweisen, weil ich denke, dass das NEIN zum Leben auch eine Sünde von uns Bischöfen ist, selbst wenn niemand von uns im Jahr 1968 Bischof war ... Wir haben „NEIN" zu *Humanae vitae* gesagt. Auch wenn wir selbst damals nicht Bischöfe waren, so waren es doch unsere Mitbrüder. Wir hatten nicht den Mut, ein klares „JA" zu *Humanae vitae* zu sagen. Es gibt Ausnahmen: Der damalige Kardinal von Berlin, Kardinal Bengsch, hatte einen prophetischen Text für die deutsche Bischofskonferenz vorbereitet. Aber dieser Text ist verschwunden und erschienen ist die *Königsteiner Erklärung*, welche die katholische Kirche in Deutschland geschwächt hat, das JA zum Leben zu sagen.

Es gab eine andere Ausnahme, nämlich in Krakau: Eine Gruppe von Theologen hat unter der Leitung des Erzbischofs und Kardinals von Krakau, des vielgeliebten Papstes Johannes Paul II., ein *Memorandum* geschrieben und an Papst Paul VI. geschickt. Ich denke, dass dieses Zeugnis eines Bischofs der Märtyrerkirche, der schweigenden Kirche, mehr Gewicht hatte, als all die Gutachten, die Papst Paul VI. zu diesem Thema erstellen ließ. Es hat ihm geholfen, diese mutige

Entscheidung zu treffen, derentwegen er dann in einer schlimmen Einsamkeit geblieben ist. Auch wenn ich keinen historischen Beweis habe, bin ich mir innerlich sicher, dass dieser Text aus Krakau Paul VI. den Mut gegeben hat, *Humanae vitae* zu schreiben ...

Aber wir Bischöfe hatten keinen Mut. Aus Angst verschlossen wir uns hinter den Türen, nicht aus Angst vor den Juden (vgl. Joh 20,19), sondern wegen der Presse und auch wegen des Unverständnisses unserer Gläubigen. Weil wir keinen Mut hatten, veröffentlichten wir in Österreich die *Maria-Troster-Erklärung*, so wie in Deutschland die *Königsteiner Erklärung*. Dies hat im Volk Gottes den Sinn für das Leben geschwächt und die Kirche entmutigt, sich für das Leben zu öffnen. Als dann die Welle der Abtreibung kam, war die Kirche geschwächt, da sie den Mut des Widerstands nicht gelernt hatte, einen Mut, wie wir ihn in Krakau gesehen haben und wie ihn Papst Johannes Paul II. während seines ganzen Pontifikates gezeigt hatte, den Mut, „JA" zu sagen zu Gott, zu Jesus, auch um den Preis der Verachtung. Aus Angst waren wir hinter den verschlossenen Türen. Ich denke, auch wenn wir damals nicht Bischöfe waren, so müssen wir diese Sünde des europäischen Episkopats bereuen, eines Episkopats, der nicht den Mut hatte, Paul VI. kraftvoll zu unterstützen. Denn heute tragen wir alle in unseren Kirchen und in unseren Diözesen die Last der Konsequenzen dieser Sünde.

„Brüder, ich weiß, ihr habt aus Unwissenheit gehandelt", sagt Petrus zu den Juden, seinen Brüdern (Apg 3,17). „Ihr habt aus Unwissenheit gehandelt." Wenn wir die Konsequenzen vor diesem „NEIN" zum Leben gekannt hätten, hätten wir niemals „NEIN" zu *Humanae vitae* gesagt, hätten wir den Mut gehabt, unsere Brüder zu bestärken: „Habt Vertrauen, glaubt an das Leben!" Aber wir hatten keinen Mut. „Ich weiß, ihr habt aus Unwissenheit gehandelt, ebenso wie eure Führer. Gott aber hat auf diese Weise erfüllt, was er durch den Mund aller Propheten im Voraus verkündigt hat: dass sein Messias leiden werde." (Apg 3,17f.) Dieses Leiden, für das wir mitverantwortlich sind, ist das Leiden des „NEIN" zum Leben. Wir kennen alle aus dem Sakrament der Buße den großen Schmerz, wenn die Sünde der Abtreibung gebeichtet wird, und die Traurigkeit, die aus dem „NEIN" zum Leben hervorgeht. Wir sind mitverantwortlich für diese Traurigkeit Europas. „Bereut also und ändert euer Leben", sagt Petrus zu den Juden. Und er fügt hinzu: „Kehrt um und ändert das Leben, damit eure Sünden vergeben werden und so der Herr Zeiten des Aufatmens kommen lässt." (Apg 3,19) ...

An diesem heiligen Ort möchte ich bitten, dass der Herr auch durch verschlossene Türen eintrete und uns Mut verleihe. Uns hat in den letzten 40 Jahren der Mut zum „JA ZUM LEBEN" gefehlt. Möge uns der Herr den Mangel an Mut verzeihen und uns mit Kraft erfüllen, wie er sie den Aposteln gegeben hat, als er sie von diesem Ort ausgesandt hat.

(Vgl. Kirche heute 10/2008, S. 4 ff.)

Humanae Vitae: Aktualität und prophetische Bedeutung

BOTSCHAFT BENEDIKT XVI. AN DEN INTERNATIONALEN KONGRESS

11 HUMANAE VITAE: AKTUALITÄT UND PROPHETISCHE BEDEUTUNG

BOTSCHAFT PAPST BENEDIKT XVI. AN DEN INTERNATIONALEN KONGRESS HUMANAE VITAE, ROM, 3. BIS 4. OKTOBER 2008

An Mons. Livio Melina
Präsident des Päpstlichen Institutes „Johannes Paul II." für Studien über Ehe und Familie

Mit Freude habe ich vernommen, dass das Päpstliche Institut, dessen Präsident Sie sind, und die Katholische Universität Sacro Cuore, rechtzeitig einen Internationalen Kongress organisiert haben aus Anlass des 40. Jahrestages der Veröffentlichung der Enzyklika *Humanae vitae*. Dabei handelt es sich um ein wichtiges Dokument. Denn in ihm wird einer der wesentlichen Aspekte der ehelichen Berufung und des daraus folgenden spezifischen Weges zur Heiligkeit vorgestellt. Indem die Ehegatten nämlich die Gabe der Liebe empfangen haben, sind sie gerufen, sich ihrerseits der eine für den anderen ohne Vorbehalt zur Gabe zu machen. Nur so sind die den Eheleuten eigenen und vorbehaltenen Akte wahre Akte der Liebe, welche, indem sie ein Fleisch werden, eine echte personale Gemeinschaft bilden. Deswegen prägt die Logik der Ganzhingabe von innen her die eheliche Liebe und sie wird, dank der sakramentalen Ausgießung des Heiligen Geistes, zum Mittel, um im eigenen Leben eine echte eheliche Liebe zu verwirklichen.

Die Möglichkeit, ein neues menschliches Leben zu zeugen, ist eingeschlossen in der Ganzhingabe der Ehegatten. Wenn in der Tat jede Art der Liebe dazu neigt, die Fülle des Lebens zu vermehren, hat die eheliche Liebe eine eigene Weise, sich mitzuteilen: nämlich Kinder zu zeugen. So wird sie nicht nur der Liebe Gottes ähnlich, sondern hat Anteil an ihr. Die Liebe Gottes nämlich will sich mitteilen, indem sie menschliche Personen ins Leben ruft. Diese mitteilende Dimension auszuschließen durch eine Handlung, welche darauf abzielt, die Zeugung zu verhindern, bedeutet, die innerste Wahrheit der ehelichen Liebe zu verneinen, mit welcher sich das göttliche Geschenk mitteilt: „Will man nicht den Dienst an der Weitergabe des Lebens menschlicher Willkür überlassen, dann muss man für die Verfügungsmacht des Menschen über den eigenen Körper und seine natürlichen Funktionen unüberschreitbare Grenzen anerkennen, die von niemand, sei es Privatperson oder öffentliche Autorität, verletzt werden dürfen. (*Humanae vitae*, 17). Und dies ist der wesentliche Kern der Lehre, welche mein verehrter Vorgänger Paul VI. an die Ehegatten richtete und welche der Diener Gottes Johannes Paul II. seinerseits bei vielen Gelegenheiten aufnahm, indem er ihr anthropologisches und moralisches Fundament erhellte.

Im Abstand von 40 Jahren seit der Veröffentlichung der Enzyklika können wir besser verstehen, wie sehr dieses Licht entscheidend ist, um das große „Ja" zu begreifen, welches die eheliche Liebe einschließt. In diesem Licht sind Kinder nicht mehr das Ziel eines menschlichen Projektes, sondern sie sind anerkannt als ein echtes Geschenk, das angenommen werden will in der Haltung einer verantwortlichen Großherzigkeit Gott gegenüber, welche zuerst sich aus dem menschlichen Leben erhebt. Dieses große „Ja" zur Schönheit der Liebe enthält gewiss die Dankbarkeit, sei es der Eltern beim Empfangen der Gabe eines Kindes, sei es des Kindes selber im Wissen, dass sein Leben seinen Ursprung hat in einer so großen und empfangenden Liebe.

Andererseits ist es wahr, dass auf dem Weg eines Ehepaares sich schwerwiegende Umstände ergeben können, welche es angeraten sein lassen, die Abstände zwischen den Geburten der Kinder zu vergrößern oder sogar auf weitere Kinder zu verzichten. Hier wird die Kenntnis der natürlichen Rhythmen der Fruchtbarkeit der Frau wichtig für das Leben der Gatten. Die Methoden der Beobachtung, welche dem Ehepaar erlauben, die Perioden der Fruchtbarkeit zu erkennen, ermöglichen ihm, das anzuwenden, was der Schöpfer in seiner Weisheit der menschlichen Natur eingeschrieben hat, ohne die ganzheitliche Bedeutung der geschlechtlichen Hingabe zu stören. Indem die Gatten auf diese Weise die volle Wahrheit ihrer Liebe respektieren, können sie deren Ausdruck gestalten in Übereinstimmung zu diesen Rhythmen, ohne etwas von der Ganzhingabe wegzunehmen, welche das Einswerden im Fleisch ausdrückt. Selbstverständlich verlangt dies eine Reife in der Liebe, welche nicht unmittelbar gegeben ist. Sie braucht das Gespräch, ein gegenseitiges Aufeinander-Hören und eine besondere Beherrschung des Geschlechtstriebes auf einem Weg des Wachsens in der Tugend.

In diesem Zusammenhang liegt mir daran, der Katholischen Universität Sacro Cuore, durch deren Initiative der Kongress entstanden ist, eine besondere Wertschätzung auszudrücken. Diese universitäre Einrichtung hat nämlich das Internationale Institut Paul VI. zur Erforschung der menschlichen Fruchtbarkeit und Unfruchtbarkeit für eine verantwortliche Fortpflanzung (ISI) unterstützt. Das war ein Geschenk für meinen unvergesslichen Vorgänger Papst Johannes Paul II., der auf diese Weise eine sozusagen institutionalisierte Antwort geben wollte auf den Appell „an die Wissenschaftler" von Papst Paul VI. in der Nummer 24 der Enzyklika. Aufgabe des ISI ist es tatsächlich, fortschreitende Erkenntnisse zu gewinnen in der Methodik einerseits der natürlichen Regelung der menschlichen Fruchtbarkeit, sowie andererseits der natürlichen Überwindung einer eventuellen Unfruchtbarkeit. Heute „Dank des Fortschritts der biologischen und medizinischen Wissenschaften" kann der Mensch über immer wirksamere therapeutische Mittel verfügen, aber er kann auch neue Macht erwerben, mit unvorhersehbaren Folgen für das menschliche Leben an seinem Beginn selbst und in seinen ersten Stadien (Instr. *Donum vitae*, 1). In diesem Zusammenhang haben „viele Forscher sich im Kampf gegen die Sterilität eingesetzt. Einige sind, unter vollständiger Wahrung der Würde der menschlichen Fortpflanzung, zu Ergebnissen gelangt, die vorher unerreichbar schienen. Die Wissenschaftler müssen also ermutigt werden, mit ihren Forschungen fortzufahren, um den Ursachen der Sterilität vorzubeugen und ihnen abhelfen zu können, so dass die unfruchtbaren Ehepaare in Achtung ihre personalen Würde und der des Ungeborenen zur Fortpflanzung gelangen" (Instr. *Donum vitae*, 8).
Genau das ist das Ziel, welches sich das ISI Paul VI. und andere ähnliche Zentren mit der Ermutigung der kirchlichen Autorität vorgenommen haben.

Wir können uns fragen: Weshalb haben heute die Welt und auch viele Gläubige solche Schwierigkeiten, die Botschaft der Kirche zu verstehen, welche die Schönheit der ehelichen Liebe in ihrer natürlichen Ausdrucksweise erhellt und verteidigt? Gewiss, die technische Lösung erscheint auch in den großen Fragen des Menschen oft als die leichtere. Aber in Wirklichkeit verbirgt sie die Grundfrage, welche den Sinn der menschlichen Sexualität betrifft und die Notwendigkeit einer verantwortlichen Beherrschung, damit ihre Ausübung Ausdruck einer personalen Liebe werden kann. Die Technik kann nicht die Reifung der Freiheit ersetzen, wenn die Liebe auf dem Spiel steht. Vielmehr, wie wir gut wissen, genügt nicht einmal die Vernunft: Es braucht das Herz, um zu sehen. Nur die Augen des Herzen können die Erfordernisse einer großen Liebe erfassen, die fähig ist, die Totalität des Menschseins zu erschöpfen. Deshalb muss der Dienst, den die Kirche in ihrer Ehe- und Familienpastoral anbietet, den Ehepaaren helfen, mit dem Herzen den wunderbaren Plan, den Gott in den menschlichen Leib eingeschrieben hat, zu verstehen und anzunehmen. Das gehört zu einem echten Weg der Reifung.

Dieser Kongress stellt deshalb einen wichtigen Moment des Nachdenkens dar und der Sorge um die Ehepaare und die Familien. Er bietet die Frucht von Jahren der Forschung an, sei es auf dem anthropologischen und ethischen oder dem rein wissenschaftlichen Gebiet. Ihr Ziel ist eine wirklich verantwortliche Fortpflanzung. In diesem Licht kann ich mich nur mit euch beglückwünschen und mir wünschen, dass diese Arbeit überreiche Früchte trage. Sie möge dazu beitragen, die Eheleute mit immer größerer Weisheit und Klarheit auf ihrem Weg zu unterstützen. Sie möge die Eheleute in ihrer Sendung ermutigen, in der Welt glaubwürdige Zeugen für die Schönheit der Liebe zu sein. Verbunden mit diesen Wünschen, erflehe ich die Hilfe des Herrn für das Gelingen der Arbeiten dieses Kongresses und entbiete allen einen besonderen Apostolischen Segen.

Papst Benedikt XVI.

Vatikan, 2. Oktober 2008

Übersetzung: Christoph Casetti

Anhang

Anhang

Kurze Autorenbiografien

Lic. theol. **Christoph Casetti**, geb. 1943 in Zürich, Studium der Philosophie und Theologie in Rom, Paris und Münster, Priesterweihe 1974, seelsorgliche Tätigkeit in Zürich, seit 1982 im Ordinariat Chur, Bischofsvikar für die Glaubensverkündigung und Katechese; Präsident der Interessensgemeinschaft Natürliche Familienplanung Schweiz und Fürstentum Liechtenstein.

Lic. rer. fam. **Maria Prügl**, geb. 1948 in Julbach, OÖ., Studium der Wissenschaften für Ehe und Familie am Institut MEDO, Rolduc, seit 1992 tätig im Referat für Ehe und Familie der Erzdiözese Salzburg (Chronologie 1992), Zertifikat INER, Diplom der Akademie für Familienpädagogik – Schönstatt, Leitung des Arbeitskreises Familie und Katechese der Initiative Hauskirche.

Elisabeth Rötzer, geb. 1951 in Vöcklabruck, seit 1975 Mitarbeiterin von Dr. Josef Rötzer, Begründer der STM der NER, Mitglied des Direktoriums Institut für NER Prof. Rötzer e.V.

Dr. med. **Elisabetta Meier-Vismara**, verheiratet, 4 Kinder. Medizinstudium in Zürich, Fribourg, Bern. Seit 1980 zunehmender Einsatz im Bereich der natürlichen Empfängnisregelung und der Bioethik. 1981 Gründung von WOOMB-CH (schweiz. Sektion der internationalen Organisation der Billings-Methode). 1984 Gründungsmitglied der IGNFP „Interessengemeinschaft für Natürliche Familienplanung Schweiz/Fürstentum Liechtenstein". Initiantin von „Medicina educativa".

Richard und **Maria Büchsenmeister**

Richard: geboren 1962, Bankkaufmann, seit 1993 Referent im Referat Ehe und Familie, Sekretariat, Ehevorbereitung,
Maria: geboren 1971, Grafikerin, Mutter und Hausfrau,
gemeinsam: zehn Kinder, Akademie für Familienpädagogik, Zertifikat für NER, Referentenehepaar für viele Familienthemen.

BILDQUELLEN

KNA-BILD, Adenauerallee 134, D-53113 Bonn, redaktion@kna-bild.de

S. 13: Papst Paul VI.; S. 1: Papst Johannes Paul II.; S. 2: Papst Paul VI.; S. 4: Papst Paul VI.; S. 28: Papst Paul VI.; S 46: Papst Paul VI.; S. 50: Lambeth Konferenz; S. 51: Papst Pius XII.; S. 54: Papst Paul VI.; Herbstkonferenz der dt. Bischofskonferenz in Königstein 1968 mit dem damaligen Vorsitzenden Kardinal Julius Döpfner; S. 58: Kardinal Alfred Bengsch; S. 60: Kardinal Karl Wojtyla; S. 63: Papst Johannes Paul II. nach seiner Wahl; Johannes Paul II. mit einem Ehepaar; S. 64: P. Johannes Paul II.; S. 72: Johannes Paul II. ernennt Erzbischof Karl Lehmann zum Kardinal; S. 77: P. Johannes Paul II.; S. 78: P. Johannes Paul II. mit Kardinal Joseph Ratzinger; S. 79: KNA 96218; S. 82: Kardinäle im Petersdom;

CHRISTOPH HURNAUS, christoph.media@utanet.at

S. 8: Papst Benedikt XVI.; S. 10: Dom zu Regensburg; S. 15, 16, 17, 20: Bilder vom Weltjugendtag in Australien und Papstbesuch in Brixen; S. 22: St. Paul v. d. Mauern, Rom, Apsis; S. 27: Kuppel des Petersdomes; S. 56: Heilig-Geist-Fenster im Petersdom; S. 76: P. Benedikt XVI. nach seiner Wahl; S. 80: Petrusstatue auf dem Petersdom; S. 81: Kreuz; S. 100: Abendmahlsaal, Jerusalem; S. 133: Jerusalem

OBERNGRUBER GÜNTHER

S. 6; S. 7; S. 29; S. 32; S. 34; S. 41; S. 42; S. 44; S. 47; S. 79; S. 85; S. 113; S. 119; S. 131; S. 136; S. 141;

FOTOLIA, www.fotolia.com: Titelbild, S. 120 (Mat Hoyward); S. 124 (Mario Bruno); S. 138 (Mario Bruno);

SONNTAGSBLATT FÜR STEIERMARK, www.sonntagsblatt.at

Herbstversammlung der österreichischen Bischöfe in Maria Trost, Graz, mit Vorsitz Kardinal Franz König;

DIÖZESANARCHIV DER ERZDIÖZESE SALZBURG:

S. 69: Erzbischof Georg Eder; S. 71: Weihbischof Andreas Laun;

PRIVAT:

S. 4: Marie R. S. 14: Christoph Casetti; S. 52: Dr. Josef u. Margareta Rötzer; S. 52: Paul VI. Mit Dr. Siegfried Ernst (D. Ehrhardt); S. 53: Dr. John Billings mit Frau, www.billings-ovolation-method.org; S. 60: Johannes Vonderach, Vorsitzender der Schweizer Bischofskonferenz 1968, Bischöfliches Archiv Chur; S. 61: Dietrich von Hildebrand; S. 62: Ingrid Trobisch (M. Prügl); S. 73: Kardinal Joachim Meisner (M.Prügl); S. 75: Kardinal Christoph Schönborn (M.Prügl); S. 76: Familienbischof Klaus Küng (M.Prügl); S. 83: Stephanie und Dominik Lapka; S. 86: Elisabeth Rötzer; S. 88: Magdalena mit Marie R; S. 93: Elisabetta Meier-Vismara, info@medicina-educativa.ch; S. 95: Maria Prügl; S. 120: Heinrich u. Maria Eisl; S. 107: Richard Büchsenmeister; S. 108: Richard Büchsenmeister;

Referat für Ehe und Familie
ERZDIÖZESE SALZBURG

5020 Salzburg, Dreifaltigkeitsgasse 12
Fax: 0662/8754494
E-Mail: ehe@familie.kirchen.net
www.familie.kirchen.net

Aus der selben Reihe

- Berufen zur Ehe
- Wiederentdeckung der Verlobung
- Familiengedächtnis – Familienchronik
- Getrennt, geschieden, wiederverheiratet in der Kirche
- Familien feiern das Kirchenjahr
- Die Kirche erwacht in den Häusern
- Wenn der Partner nicht mitmacht
- Junge Menschen auf dem Weg zu Christus